Este libro tiene el potencial de convert..... en una de las obras maestras de la literatura cristiana en español. La propuesta de «Liderazgo generacional» descubre cómo los padres, los maestros y los pastores podríamos darnos la mano para formar un cerco de respeto, amor, protección y desarrollo para formar a las siguientes generaciones.

Este es un manual de ministerio que todo pastor necesita para desarrollar a su equipo. Es una herramienta que todo maestro cristiano necesita para ser efectivo en su labor académica, y una perla para los padres que no se conforman con dejar pasar la infancia y la adolescencia de sus hijos sin ser intencionales en discipularlos.

Con un gran optimismo estas páginas nos ayudarán a afrontar los grandes desafíos de nuestra era, así como los paradigmas inservibles que hasta el día de hoy prevalecen en algunos círculos. En ocasiones haciendo eco de grandes hombres de ciencia, teólogos, reformadores sociales y artistas, el doctor Leys nos reconcilia con tal conocimiento ofreciéndonos consejos increíblemente prácticos que harán de la lectura de esta joya una de las experiencias más enriquecedoras y valiosas que podamos tener.

Hector Hermosillo
Pastor fundador de Semilla de Mostaza, México.

Quien quiera tener una iglesia vibrante, llena de vida, y llena jóvenes, adolescentes y niños debe leer este libro. Debe ser una prioridad para los pastores del hoy.

¿Cuántas veces he oído a pastores en América Latina preguntarse por qué no hay jóvenes en mi iglesia? O confesar que sus hijos aman a Dios, pero no a la iglesia... Si de verdad quieres una iglesia que alcance a las nuevas generaciones debes leer este libro, pero te hago una advertencia: si no estás dispuesto a cambiar, mejor no lo leas porque en cada capítulo su autor propone cambios.

Yo creo que Dios se trae algo nuevo entre manos y creo que tiene mucho que ver con lo que mi amigo Lucas Leys escribió en este libro.

Robert Barriger
Pastor fundador de Camino de Vida, Perú.

Este libro del Dr. Lucas Leys no podría ser más oportuno y necesario. Se está levantando en todo el mundo una ola de renovado interés por la infancia y la juventud, especialmente en términos de su educación y promoción humana. Hasta la Organización de Naciones Unidas para la educación global está convocando a un gran movimiento a favor de los derechos civiles de los niños y adolescentes en todo el planeta y la Iglesia no puede quedarse rezagada y menos hacer oídos sordos a semejante necesidad.

Hoy hay 260 millones de niños que ya no van a la escuela y hay 400 millones que interrumpirán su educación en cierto momento y que nunca volverán a terminarla. Hay 800 millones de niños en total (la mitad de los que hay en el mundo), que dejarán la escuela sin las calificaciones que necesitan para el trabajo, mayormente debido a la pobreza y ¿Qué haremos los cristianos frente a esta realidad? ¿Cómo podremos formar con valores cristianos a la generación 6-25 que hoy está bajo nuestra responsabilidad? ¿Cómo les daremos a conocer a estas personas que están madurando el amor de Dios tal como se manifestó en Cristo? Estos son los interrogantes que Leys se propuso responder en estas páginas, poniendo énfasis sobre la formación de los líderes cristianos que emprenderán esta tarea. La lectura de este libro es indispensable para el líder de hoy e imperativa para el futuro inmediato.

Dr. Pablo A. Deiros
Vice-rector del Seminario Internacional
Teológico Bautista, Buenos Aires, Argentina

Este libro es sencillamente brillante. En estas páginas de manera oportuna el Dr. Lucas Leys; fiel a su estilo directo, profundo y práctico; nos conduce a un viaje reflexivo y concienzudo para revisar nuestra manera de hacer iglesia y los paradigmas del trabajo con nuevas generaciones. Este manual acerca a los pastores interesados en el crecimiento de la iglesia y a los educadores en general, una propuesta fresca y actualizada que ayudará a enfocar la atención de la iglesia sobre los cambios que necesitamos. El contenido es preciso, relevante y urgente para la iglesia de hoy. ¡Gracias Lucas por este nuevo manual de ayuda para quienes creemos en el trabajo con nuevas generaciones!

Karen Lacota
Directora de Faith Christian School en Asunción, Paraguay. Autora.

Este libro propone un cambio que me llena de esperanza. El cambio y la innovación deberían ser constates en la Iglesia ya que tenemos que renovarnos continuamente para seguir alcanzando a las próximas generaciones y en este libro Lucas hace un profundo análisis de la realidad y propone una estrategia consistente para generar esos cambios que siempre necesitamos.

Yo creo que la aplicación de los conceptos de liderazgo detallados en este libro tiene el potencial de llevar nuestros ministerios de nuevas generaciones a un nivel superior de compromiso con la vida que Dios soñó para su iglesia.

Chris Mendez
Pastor de Hillsong Buenos Aires y San Pablo

Este es un excelente y urgente aporte a los desafíos que plantea un liderazgo pertinente al siglo XXI. Lucas Leys invita en este texto, con la pasión que lo caracteriza, a construir ministerios que giran entorno del diálogo y la conexión, de tal manera que nuestro servicio posea una clara proyección eterna. Lo recomiendo con entusiasmo a todo líder y pastor que anhele ver a su iglesia local crecer.

Dr. Christopher Shaw
Director de Desarrollo Cristiano Internacional

Con este libro «Liderazgo Generacional» Lucas Leys presenta preguntas claves que cada pastor necesita contestar si está interesado no sólo en alcanzar a generaciones nuevas, sino también en retener las generaciones ya presentes en su congregación. El contenido demuestra años de estudios científicos e investigación académica y también una pasión por ver la Iglesia crecer y alcanzar y retener a cada edad haciendo un discipulado más eficaz.

Este libro te va a retar a cuestionar y examinar lo que hemos estado haciendo y te animará a mejorar estrategias para seguir avanzando el reino de Dios en nuestros tiempos.

Tim Holland
Pastor Principal • Life Church - Mundo de Fe

«Liderazgo Generacional» es un recurso diferente y de muchísimo provecho para los pastores. A partir de ahora debe ser una lectura obligada, sobre todo para quienes invierten su vida en la formación de opiniones, los que forjan el carácter de las nuevas generaciones y son conscientes de la urgente necesidad de entender los tiempos. Los cambios están ocurriendo a una velocidad que la mayoría de nosotros jamás imaginó, y, sin importar quiénes somos o lo que hacemos, todos podemos hacer uso de herramientas que nos ayuden a expandir nuestros pulmones ministeriales en lugar de convertirnos en víctimas del tiempo. «Liderazgo Generacional» es una invitación a la comprensión de las diferentes áreas del desarrollo y estilos de aprendizaje en el crecimiento humano. El Dr Lucas Leys nos revela en este libro los secretos para pensar, actuar y responder de manera positiva a los cambios de paradigmas que necesitamos con carácter de urgencia.»

Rev. Hermes Espino Q.
Pastor Rector de Casa de Oración Cristiana-Panamá

Una cosa es repetir conocimiento y otra cosa es crearlo y esto es lo que hace el Dr. Lucas Leys en esta extraordinaria investigación que propone ideas con un tangible potencial transformador. En este libro, Lucas explora con profundidad y gracia una propuesta totalmente innovadora que da en llamar liderazgo generacional. En ella identifica paradigmas que debemos superar, revisa presupuestos teológicos y eclesiásticos y luego hace recomendaciones concretas y prácticas que debemos tomar en consideración con urgencia.

Posiblemente, una de las mayores virtudes de la obra, está en el diálogo cordial y crítico entre las realidades ministeriales de la actualidad y los caminos que debemos explorar para llegar al porvenir en los ministerios a las nuevas generaciones.

Esta es una lectura necesaria, no solo para pastores y pastoras, y para líderes que desean servir con efectividad a las nuevas generaciones, sino para los padres y las madres que desean comprender mejor y contribuir positivamente a los importantes procesos de formación de sus hijas e hijos

Le doy una bienvenida cordial a un material tan singular y de tanta ayuda.

Dr. Samuel Pagán
Decano de programas hispanos
Centro de Estudios Bíblicos en Jerusalén

Refrescante, desafiante y reveladora. Así es esta lectura. Al pasearme por estas líneas no podía evitar ver mi corazón llenarse de esperanza mientras imaginaba el futuro de la Iglesia de Cristo en el mundo de habla hispana. Tal vez es el hijo de pastor que hay en mí. Quizás, es el corazón pastoral en mí. Puede ser que como padre de adolescentes anhelo que la iglesia de hoy pueda plantear una propuesta relevante que sirva de puente entre la Iglesia y las futuras generaciones.

Lleno de sabiduría bíblica y argumentos claros, Lucas nos invita en este manual a ensanchar nuestra visión de futuro para el trabajo del liderazgo generacional, mientras vemos como el Espíritu nos desafía a emprender la misión de ser una Iglesia influyente en el presente, con la capacidad de ser trascendente a las futuras generaciones.

Gracias Lucas, por invitarnos a repensar nuestros métodos sin perder nuestro norte.

Jacobo Ramos
Pastor para Latinoamérica
Ministerio Global, Gateway Church

Todo pastor y ministerio que desea afectar a la presente y futura generación debe leer y aplicar los principios compartidos en este material.

Conozco a Lucas hace ya varios años, y puedo decir con franqueza que sabe de lo que está hablando. No solo por su experiencia ministerial, sino que en estas páginas se notan su preparación académica y teológica. Este libro abre la cabeza y ayuda a entender a las nuevas generaciones. Necesitamos reorganizar y reestructurar la manera en que estamos trabajando con nuestros niños y jóvenes. No se trata de abandonar principios bíblicos, sino de lo contrario y de encontrar maneras actualizadas de llegar a una generación tan despierta como la de nuestros hijos y nietos en nuestras congregaciones y sociedad.

Solo tenemos una vida y debemos aprovecharla al máximo para hacer la labor que el Espíritu de Dios nos ha asignado con un tesoro tan inmenso como lo son las nuevas generaciones.

Nunca esta tarde para empezar. ¡El tiempo es ahora!

René F. Molina
Pastor Principal
Restauración, Los Ángeles

Lo que propone este libro es literalmente «revolucionario» y leído con el espíritu correcto no tengo dudas de que va a desatar una ola da cambios mentales y prácticos en millares de pastores y líderes en Iberoamérica. De hecho, lo que propone es tan sólido e innovador que anticipo que provocará una ola de cambios en la iglesia del mundo.

Conozco a su autor hace muchos años y nunca deja de sorprenderme. Cuando creo que su innovación ha llegado a su máxima expresión, me vuelve a sorprender. Su ministerio ha sido más influyente de lo que se sabe porque no solamente ha impactado la vida de miles de asistentes a sus eventos o miles de lectores con sus libros, también ha transformado la cabeza de muchísimos líderes de opinión que literalmente cambiaron de cultura a través de las conversaciones con Lucas en los tiempos íntimos del backstage de sus eventos.

En algunos círculos conocen a Lucas como un predicador elocuente y alguien que tiene la capacidad de ser un «showman,» pero no conozco a ningún showman que tenga la capacidad de convertirse también en un científico que pueda ir tan profundo en dilucidar las necesidades y las estrategias de la iglesia y este libro es otra prueba de eso.

Lucas es un gran innovador que va siempre a mil kilómetros por hora buscando «algo más» y sin embargo tiene un trato excelente con las personas y sobre todo con su equipo de trabajo el cual es probablemente el más competente que conozco.

Gracias hermano por el tiempo que invertiste para investigar este tema aún entre múltiples viajes, conferencias, foros, retiros y multitudes escuchándote. Que bueno que seas latinoamericano.

Esteban R. Fernández
AED - President Latin America
La Sociedad Bíblica Internacional

LIDERAZGO GENERACIONAL

LUCAS LEYS

LIDERAZGO GENERACIONAL

e625 - 2017

Dallas, Texas

e625 ©2017 por Lucas Leys

Todas las citas bíblicas son de la Nueva Biblia Viva (NBV) a menos que se indique lo contrario.

Editado por: **Maria Gallardo**

Diseño Interior: **JuanShimabukuroDesign** @juanshima

ISBN: 978-1-946707-04-8

IMPRESO EN ESTADOS UNIDOS

A los pastores que le han pedido de rodillas a Dios por el crecimiento de la Iglesia.

AGRADECIMIENTOS

Cada libro es fruto del trabajo de más de una persona y en este en particular son muchísimos quienes hicieron su aporte consciente o no para que estás páginas pudieran ser escritas. La gracia de mi Dios es siempre la gran iniciadora de todo lo que puedo hacer. Sin su gracia no puedo hacer nada y por eso comienzo agradeciéndole a mi Señor por permitirme trabajar en este proyecto.

Gracias Valeria, Sophie y Max por apoyar a papá como lo hacen. Sus vidas me enseñan e inspiran.

Gracias Juan Shima por tu trabajo en este material, pero sobre todo tu amistad. Es un lujo tener a mi lado a alguien que entienda el trabajo en equipo así.

Gracias Maria Gallardo por la edición y muchas gracias a toda la increíble familia de e625.com. Es un honor inmerecido trabajar junto a ustedes.

CONTENIDO

PRESENTACIÓN PASTORAL

Siempre me ha intrigado ver a Lucas Leys transmitiendo entusiasmo y a la vez, calma. Lucas es un emprendedor visionario, y como todos los de su tipo, rebosa de entusiasmo. El tener entre manos la posibilidad de irrumpir con algo nuevo, gestarlo, gerenciarlo y masificarlo los llena de pasión y de entusiasmo. Pero comúnmente ese entusiasmo «adrenalínico» de los emprendedores, tiene como contracara que muchas veces están desbordados emocionalmente, desajustados familiarmente, desbalanceados económicamente y hasta desequilibrados espiritualmente. Aunque muestran una seguridad desbordante en su exterior, en el backstage están más llenos de incertidumbres que de certezas. Pero lo curioso de Lucas, es verlo lleno de entusiasmo, pero también conocer que vive en calma, característica más propia del colono que del pionero. En otras palabras, el liderazgo que trabaja con lo conocido y previsible.

Al leer *Liderazgo Generacional,* entiendo mejor por qué puede combinar ambas características. Lucas no sólo visiona lo que la iglesia está necesitando, lo cual lo llena de entusiasmo, sino que mantiene la calma de quien tiene un plan perfectamente elaborado y trabajado, para que la iglesia lo pueda concretar.

Efectivamente la iglesia está necesitando una nueva comprensión y práctica del discipulado. La iglesia de habla hispana ha vivido experiencias espirituales maravillosas y de gran crecimiento. Pero está carente de un discipulado de vida integral y que afecte a todas las generaciones con una pastoral pertinente.

Mientras leía *Liderazgo Generacional,* una y otra vez me venía a la cabeza la frase: *«Lucas es un pontífice»* (espero que no cambie la manera de vestirse). La palabra pontífice significa «constructor de puentes». La distancia entre donde estamos hoy como iglesia, y donde debemos estar se une por medio de un puente llamado plan. Y Lucas no sólo sabe hacia dónde ir, sino que nos propone cómo.

Liderazgo Generacional es una arquitectura del discipulado que une realidades hasta hoy desintegradas. Es un puente entre la vida «dominical» y la cotidiana para que los discípulos que la iglesia esté haciendo afecten de manera transformacional toda la realidad en nuestras naciones. Es un puente entre iglesia y sociedad, desarrollando una inteligencia cultural que permita al pueblo de Dios encarnarse en la realidad, pero sin caer en la cautividad de valores.

Quien lea este libro con atención se dará cuenta. *Liderazgo Generacional* es un puente de discipulado que une a la familia y a la iglesia, para que el resultado sea integral y efectivo. Su propuesta conecta a las distintas etapas de vida de una persona, (niñez, preadolescencia, adolescencia, juventud), de manera que el discipulado cristiano afecte en forma relevante cada momento y cada necesidad existencial.

El antiguo pontífice tenía entre sus tareas la organización del calendario y de los días festivos y Lucas ofrece en estas letras una extraordinaria ayuda en la organización del «calendario de discipulado generacional» de las vidas que Dios nos entrega. Con estas ideas reduciremos el número de hijos que perdemos en el camino y en cada transición y multiplicaremos nuestras posibilidades de seguir extendiendo el poder de llegada de nuestras iglesias locales.

Liderazgo Generacional construye un puente que nos lleva desde donde estamos hacia dónde debemos ir y seguramente esa no es tarea de un solo hombre ni de un ministerio, sino de toda la iglesia en el continente; pero no me cabe la menor duda, que Lucas y *e625* con *Liderazgo Generacional* están haciendo un aporte tremendamente significativo que marcará un antes y un después en el discipulado de las nuevas generaciones.

Una vez más, el pontífice Lucas se nos ha adelantando mostrándonos el camino con gran entusiasmo y sin perder la calma.

Carlos Mraida
Pastor Iglesia del Centro.
Consejo de pastores de la ciudad de Buenos Aires, Argentina.

LA DECLARACIÓN
DE INTENCIÓN

Todos queremos ser más eficaces a la hora de influenciar a las nuevas generaciones. El problema no son las intenciones. Todavía no me he encontrado a un solo pastor o líder, y menos a una madre cristiana, que no crea que es importante la formación espiritual de las nuevas generaciones. Pero *¿por qué tantos niños que alguna vez pasaron por una iglesia cristiana ya no se congregan? ¿Por qué tantos hijos de buenos cristianos deciden darle la espalda a la fe de su familia? ¿Por qué tantos adolescentes que participan de las reuniones y se emocionan con las canciones, toman luego decisiones que van al revés de lo que predicamos? ¿Por qué no hay más y más universitarios llegando a nuestras congregaciones si somos la sal de la tierra, la luz en la oscuridad y los portadores del verdadero secreto para una vida abundante?*

Obviamente, no es solo con buenas intenciones que una iglesia y una familia desarrollan discípulos de Jesús con eficacia. Necesitamos sabiduría eterna, una pizca de ciencia, un compromiso certero y un romance con el cambio. Sí, y es que ya sabemos el dicho: aunque el evangelio no cambia, la manera de compartirlo siempre debe ser actualizada.

Quienes trabajan con las nuevas generaciones son espías. Tienen información secreta respecto al futuro de las sociedades, y protegen documentos confidenciales vitales para el desarrollo o fracaso de sus países.

Puede que no estén en lo más alto de la escala de salarios, o del ranking de popularidad de nuestras ciudades, pero ellas y ellos son los ingenieros del progreso.

Quienes invierten su vida en formar las opiniones y forjar el carácter de las nuevas generaciones son espías en la tierra del mañana, artesanos del futuro y arquitectos del cambio y por eso me encanta pasar tiempo con ellos, y me apasiona ayudarlos.

Creo en la Iglesia porque creo en el plan de Dios y creo en el mensaje que portamos. Lo que no creo es que debemos estancarnos dónde estamos. Tenemos que alcanzar a más niños, adolescentes y jóvenes con el evangelio de Jesús, y debemos reducir el número de hijos que perdemos en el camino. Me resisto a pensar en iglesias que decrecen, en congregaciones que envejecen sin recambio generacional, o en masas entretenidas con liturgias evangélicas pero que no producen discípulos de esos que atentan contra el reino de las tinieblas y cambian para bien sus comunidades.

Lo que necesitamos es entender los tiempos, agudizar el oído y abrir bien los ojos. Precisamos un espíritu dócil y una voluntad firme para aprender a expandir nuestros pulmones ministeriales y hacer las mejoras que se requieran.

De eso se trata este libro. ¡Aprendamos juntos!

Lucas

Capítulo 1

¿QUÉ ES EL LIDERAZGO GENERACIONAL?

«Crear una nueva teoría no se parece a destruir un establo y edificar un rascacielos en su lugar. Se parece más a escalar una montaña, logrando una visión más amplia y descubriendo inesperadas conexiones entre nuestro punto de partida y el rico medioambiente que la rodea.»

Albert Einstein.

Llevo más de 20 años intentando aprender cómo influenciar a las nuevas generaciones en el nombre de Jesús, así que podría decirse que ningún otro libro de los que he tenido la oportunidad de escribir me ha llevado tanto tiempo como este. Estas páginas han demandado cientos de viajes, cientos de libros estudiados y miles de conversaciones con educadores, pediatras, hebiatras, neurólogos, padres, madres, pastores, hijos de pastores frustrados, líderes de todo estilo, algún que otro loco, y muchos colegas. Pero para que naciera este libro también se requirió una interrupción de Dios.

A mí me gusta sintetizar, pero voy a comenzar por aquí porque ninguna idea se manifiesta en un vacío. Siempre hay una historia, y esa historia explica también mucho de la idea.

Unos años antes de escribir estas palabras que estás leyendo, empecé a sentirme muy inquieto. La sensación de que Dios quería decirme algo comenzó a crecer en mi corazón, y con ella una insatisfacción sigilosa pero recurrente al no lograr discernir qué era lo que Dios quería comunicarme.

En ese entonces me encontraba al frente de la prestigiosa Editorial Vida, la cual había pasado recientemente por una «fusión» con otra prestigiosa editorial, y se estaban abriendo ante mis ojos oportunidades laborales como nunca antes había tenido. Al mismo tiempo, nuestro ministerio seguía creciendo, mi agenda estaba llena, y con Valeria y mis hijitos estábamos en una temporada muy feliz. Sin embargo, no podía evadir la sensación de que Dios quería mostrarme algo que yo aún no comprendía. Comencé a sentirme distraído, a perder interés en lo que pasaba en la editorial, y a ponerme en piloto automático en el ministerio. Seguía leyendo la Biblia y otros libros, y orando con normalidad, pero sabía que algo no estaba bien. O, quizás, que algo debía estar mejor.

LA CIENCIA NO INVENTA NADA, SOLO DESCUBRE O MANIPULA LO QUE DIOS YA INVENTÓ

Como conté con detalle en el libro «Diferente», y como bien saben mis amigos cercanos, desde hace muchos años que cada enero practico la disciplina espiritual del retiro y me tomo unos días de soledad y silencio para meditar sobre el año que comienza y renovar fuerzas. Al tener mi retiro en esta temporada de inquietud, y luego de hacerle muchas preguntas al Señor, no pude todavía discernir qué era lo que me quería decir, pero al menos sí entendí que tenía que volver a estudiar neurociencia.

Cuando hice mi doctorado en el Fuller Theological Seminary en Pasadena, California, tomé cursos complementarios a mi disertación doctoral en la universidad de California, Los Ángeles, (la UCLA) y en el Western Seminary en Holland, Michigan. Mi premisa para hacerlo fue pensar que para servir correctamente a un grupo de personas debía prestarle atención a los detalles del diseño de Dios que la ciencia hubiera descubierto respecto a ese grupo de personas. Mi mamá, que era médica, me inculcó desde mi niñez que la ciencia no inventa nada, sino que descubre o manipula lo que Dios ya inventó, así que siempre vi a la ciencia como una herramienta para ilustrar mi fe y agregar eficacia a mi misión.

Lo que fui descubriendo en los siguientes meses y que le dio un panorama mucho más amplio a todo lo que había estudiado, hecho y aprendido antes, es lo que con algunos colegas estamos llamando «una visión de liderazgo generacional».

Dios no me interrumpió porque yo estuviera haciendo algo malo, sino porque Él quería mostrarme algo mejor. *¿No es eso lo que a lo largo de toda la Biblia notamos que le gusta hacer?* Dios no interrumpió los planes de María para embarazarla a través del Espíritu Santo porque ella estuviera haciendo algo malo. Y Jesús no interrumpió a Andrés y a Pedro invitándolos a seguirle porque estuviera mal pescar.

LA ENEMIGA MÁS FURIOSA DE LA EXCELENCIA ES LA COMODIDAD

Las interrupciones de Dios no necesariamente son para que dejemos algo que es malo, sino para que abracemos algo mejor. No siempre es lo malo la gran amenaza para lo mejor, sino que muchas veces la enemiga más furiosa de la excelencia es la comodidad. El estar haciendo las cosas bien.

Solamente bien.

En recientes años me convencí de que el conocimiento se esconde en mejores respuestas, pero la sabiduría, en mejores preguntas. Así que para mí la visión de un liderazgo generacional comenzó allí, en ese desierto de nuevas preguntas que lleva a la tierra prometida de nuevas visiones.

¿Por qué, en la mayoría de nuestras iglesias, quienes trabajan con niños no dialogan (y mucho menos planifican) con aquellos que trabajan con adolescentes o jóvenes?

¿Por qué todavía en tantas de nuestras iglesias llamamos «jóvenes» a los de 13, al igual que a los de más de 30 que todavía no se casaron, y pretendemos que reaccionen de la misma manera a los mismos programas?

¿Por qué la mayoría de los pastores asumimos que nuestra tarea es enfocarnos en los adultos, y que los líderes primerizos son los que tienen que ocuparse de los adolescentes?

¿Cuándo comienza y cuándo termina exactamente la juventud? ¿Estamos seguros?

¿Cómo experimenta un preadolescente la transición entre el ministerio de niños y el de adolescentes o jóvenes?

¿Por qué pareciera que cada vez nos cuesta más que las nuevas generaciones aprendan sobre la Biblia y abracen una fe que no sea emocionalista?

¿Por qué no logramos retener a tantos niños que pasan por nuestras iglesias?

Estas son las preguntas iniciales que cobijan el cambio de paradigma que necesitamos con urgencia.

LA PIZCA DE CIENCIA

Lo que redescubrí en este tiempo de estudio es que, aunque nuestra tarea es esencialmente espiritual, no podemos desentendernos de las etapas de maduración cognitiva, de las distintas áreas del desarrollo y de los diferentes estilos de aprendizaje, porque estas son variables preestablecidas por Dios para el crecimiento humano. El proceso de maduración por el que nacemos como bebés, nos convertimos en niños y luego nos encaminamos hacia la adultez no es un efecto de la cultura, sino que es arte del gran artista, y por eso es tan valioso prestar atención minuciosa a estos procesos si pretendemos hacer discípulos de las nuevas generaciones con eficacia.

En esos meses me encontré con un artículo sobre el tema en el Harvard Business Review, una nota de la revista Time y luego algunos libros como *«The Teenage Brain»* (el cerebro adolescente) de Frances E. Jensen y *«Welcome to Your Child's Brain»* (bienvenido al cerebro de tu hijo) de Sandra Aamodt y Sam Wang. Pronto me sumergí en lo que, ahora estoy seguro, Dios quería que entendiera.

Desayunarme que, gracias a la tecnología, en los últimos años ha habido más descubrimientos respecto al desarrollo neuronal y a cómo funciona realmente el cerebro que en los anteriores 20 siglos cafeinó mis neuronas, y a partir de

> **AUNQUE NUESTRA TAREA ES ESENCIALMENTE ESPIRITUAL, NO PODEMOS DESENTENDERNOS DE LAS ETAPAS DE MADURACIÓN COGNITIVA**

allí Dios llevó a cabo su proceso de llevarme a ese desierto de preguntas que antes mencioné y de ayudarme a replantear mi acercamiento al trabajo con las nuevas generaciones.

UN SIGLO DE MISIONEROS

Ahora vayamos a «nuestra» historia. La de la Iglesia en Hispanoamérica.

No es ningún secreto que la gran mayoría de las iglesias evangélicas en Hispanoamérica son fruto del trabajo de misioneros que hablaban en inglés. Y nuestra manera de hacer iglesia tiene mucho que ver con lo que ellos trabajaron para enseñarnos.

Yo tendría un poster en mi oficina de aquellos héroes de la fe que dejaron sus hogares y recorrieron océanos, montañas, selvas, y ríos para traernos el evangelio a aquellos que hablamos español. Pero no podemos ser tan ingenuos de creer que todo lo que nos enseñaron era correcto, o que sus liturgias y métodos fueran siempre la mejor estrategia.

Para complicar más el panorama, a esa herencia de ideas tenemos que sumarle el hecho de que ya llevamos más de un siglo desde que se instalaron esos conceptos y, aunque posiblemente eran acertados y pertinentes cuando nacieron las primeras iglesias evangélicas, la vorágine de cambios culturales y generacionales de los últimos años ha puesto en desuso muchas de esas premisas.

Todavía hoy, en algunos círculos, se confía más en alguien que habla en inglés que en alguien que habla español. Si lo dice o lo hace una iglesia norteamericana parece tener más autoridad que si la que comienza a hacerlo es una iglesia en Latinoamérica. Esto se nota hasta en la música, ya que luego de décadas de intentar adorar a Dios con nuestros propios ritmos, artistas, e instrumentos, en los últimos años volvimos a mirar al mundo anglo como si fuera la única referencia de lo que a Dios le agrada.

¿Se puede cambiar la cultura eclesiástica de todo un continente? Es difícil, pero no imposible. Dios ya ha hecho cambios similares antes, cuando algunos de sus hijos detuvieron su inercia eclesiástica y comenzaron a hacer las preguntas necesarias.

LAS 5 ETAPAS Y UNA VISIÓN INTEGRADA

En el siglo pasado aprendimos a divorciar el ministerio de niños del ministerio de jóvenes. Aprendimos que ministerio juvenil era hacer una reunión como la de los adultos, pero en un día diferente y con participantes de menor edad. Aprendimos que el mejor método de enseñanza es un monologo que en promedio debe durar unos 50 minutos (supongo que yo fui afortunado en esto, porque en algunos otros círculos enseñaron que al menos debía durar una hora entera para ser bíblicos, o para que el Espíritu Santo se dignara a bajar, según sea el predicador conservador o carismático). Nos enseñaron a mirar más nucas que caras a la hora de aprender de Dios, que la Biblia se enseña en el templo y no en la casa, y que las preguntas son señal de rebeldía. Nos enseñaron también que el final de la juventud es el matrimonio, y en muchas iglesias reinó la idea de que la universidad es enemiga de la fe, o al menos de la Iglesia, simplemente porque suele ser la puerta de atrás por la que muchos se escapan y dejan de participar.

Ahora bien, lo que descubrí al buscar a Dios estudiando la neurociencia y el desarrollo humano es que hay 5 etapas camino a la adultez:

0-5 La primera infancia, donde la familia es la cuna de la identidad y los padres son los centros de nuestro universo o bien la razón por la que correremos el riesgo de sentirnos a la deriva por el resto de nuestros días. Se trata de una etapa en la que la iglesia como institución puede acompañar y animar, pero es muy difícil compensar lo que haga o no haga la familia.

6-10 La niñez, donde el cerebro humano está en ebullición y podemos retener información específica como si fuéramos investigadores de una serie policial. Por eso en esta etapa tanto en la familia y la iglesia debemos intencionalmente convertirnos en maestros.

11-12 La preadolescencia, donde llega el pensamiento abstracto mientras el cuerpo comienza su carrera de Fórmula 1 a través de una compleja serie de cambios.

13-18 La adolescencia, dónde se expresan nuestras mayores vulnerabilidades de cara a responder la gran pregunta de la identidad, y los amigos se convierten en el espejo a la hora de definir el maquillaje de nuestros valores.

19-25 La juventud, donde nos lanzamos hacia la autonomía como capitanes de nuestro futuro.

La visión del LIDERAZGO GENERACIONAL se resume en desarrollar una pastoral pertinente para cada una de las etapas del desarrollo hacia la adultez, y hacerlo con una estrategia continuada en vez de segmentada en aislación, planificando transiciones inteligentes entre cada una de esas etapas y la siguiente y sumando las fuerzas de la familia con las de la iglesia.

> *Estoy totalmente de acuerdo contigo, Lucas. Desde una generación que te precede, puedo decir que debemos honrar el pasado, administrando bien el presente y pensando en el futuro. Todo líder debe tener una visión en 3D y esta nueva arquitectura que propones da en el blanco de muchas necesidades que hasta ahora intentamos responder de manera aislada.*
>
> *- Félix*

Los pastores del ya y del mañana necesitamos tener bien claro que la iglesia siempre está a una generación de morir. Y es que Dios tiene muchos hijos, pero nunca ha tenido un nieto. Los hijos de cristianos necesitan su propio encuentro personal con el Señor, y, tal como los no creyentes, necesitan ser acompañados hacia una adultez madura. Porque envejecer es obligatorio, pero madurar es optativo, y lo hacemos mejor cuando tenemos buenos modelos y cuando la iglesia hace su mejor trabajo para enseñarnos los valores de Cristo.

LA IGLESIA SIEMPRE ESTÁ A UNA GENERACIÓN DE MORIR

4 VISIONES DE MINISTERIO A LA FAMILIA

En la historia de la iglesia de los últimos siglos se ha abordado el ministerio a la familia desde distintas macro visiones o perspectivas. Estas visiones han funcionado como marcos de interpretación respecto a las responsabilidades de los pastores, educadores y líderes y aún de las familias en la formación espiritual de las nuevas generaciones.

Obviamente las variantes han sido muchas y cada denominación, congregación y familia un microclima, pero creo que estas 4 descripciones ayudan a darnos un panorama completo:

1. EL PROGRAMA PARALELO

Con el desarrollo de la escolarización a partir de la influencia del suizo Jean-Jacques Rousseau y el empuje de la revolución francesa, la familia dejó de ser la proveedora primaria de la educación básica. Ahora la educación se hacía en un establecimiento paralelo lo cual se vio incrementado por la revolución industrial que ocurrió en los siguientes años en Europa y que dio también origen a la «escuela dominical» que fue la iniciativa de las iglesias protestantes de ayudar a aquellos niños que trabajaban y que no podían obtener su educación básica.

A partir de entonces en las iglesias de occidente comenzamos a abordar el ministerio a las nuevas generaciones como una oferta paralela a la secular para enseñar Biblia y doctrina durante los fines de semana y es interesante notar que fue en esos años que los primeros misioneros y las primeras iglesias protestantes comenzaron a llegar a América Latina.

Luego, sobre todo en los Estados Unidos nacieron algunas organizaciones para eclesiásticas que estandarizaron las ofertas de ministerio juvenil y así fue que llegamos hasta las últimas décadas dónde se hizo la norma interpretar que la educación bíblica sucede primariamente en el templo y el programa de niños y jóvenes de la congregación es el principal responsable de la salud espiritual y sobre todo del conocimiento bíblico de las nuevas generaciones.

2. EL ACERCAMIENTO TERAPÉUTICO

El siglo XX fue un tiempo de desarrollo vertiginoso que todavía hoy del otro lado del milenio no se detiene y una de las áreas de mayor progreso fue en la medicina y en particular en el estudio de las conductas conocido como psicología. A partir de la popularización de esta ciencia se hizo más notorio la importancia de compartir herramientas de entendimiento y consejería con las familias y así nació la terapia familiar y la piscología social que luego de algunos años dónde hubo resistencia, atrajeron a algunos cristianos y así se desarrolló esta visión de que la Iglesia debe ofrecer o al menos facilitar consejería cristiana a las familias.

Así, en recientes años se hizo más popular ofrecer conferencias, congresos y simposios para la familia dónde quienes hablan son en muchos casos psicólogos especialistas en terapia familiar.

Desde esta perspectiva la iglesia coopera brindando herramientas.

3. LA CENTRALIDAD DEL NÚCLEO

Quizás hayas escuchado de la «dialéctica hegeliana» y necesito citarla para explicar esta visión. El alemán Gerog Hegel fue quien sugirió que el conocimiento progresa en la propuesta de una tesis que es respondida por una antítesis que luego crea una síntesis entre ambas ideas y así es que el conocimiento se construye. Hago esta cita porque creo que esta perspectiva es una reacción antagónica a la perspectiva del programa paralelo.

En años recientes surgieron algunas voces también en Estados Unidos que comenzaron a hablar en contra de segmentar edades y profesionalizar los ministerios de niños y de jóvenes. Esta perspectiva no llegó a tantos rincones de Hispanoamérica todavía, pero ha estado dando vueltas por el internet en artículos y videos amarillitas hablando en contra de separar a los hijos de los padres para la educación espiritual y destacando que el discipulado es responsabilidad de la familia y que en la Biblia nunca se habla de la escuela dominical, la iglesia infantil o el ministerio juvenil.

En el mundo hispano y sobre todo en iglesias que han tenido algo que ver con la renovación carismática católica se ha insistido en los grupos familiares también con esta idea y hay algunas pocas denominaciones que no tienen reuniones separadas por edades.

4. LA VISIÓN GENERACIONAL

Gracias a la tecnología hoy tenemos información que nunca antes tuvimos y me entusiasma cuando las ciencias de investigación corroboran que los modelos bíblicos de enseñanza daban en el blanco en respetar el diseño de Dios para la formación de las nuevas generaciones. Allí radica el poder de esta visión que pone de la mano al pueblo y a la familia en la formación espiritual de sus nuevas generaciones.

Los niños, preadolescentes, adolescentes y jóvenes necesitan vínculos familiares sólidos, y a la vez necesitan la socialización de pares, y el mentoreo de modelos cercanos que les entusiasmen a dar el siguiente paso en su maduración.

Las tres visiones anteriores no deben ser antagónicas sino complementarse. No es una u otra porque todas ofrecen fortalezas y las tres están incompletas sin la ayuda de las otras.

El siguiente es el diagrama básico que ilustra la visión general del liderazgo generacional

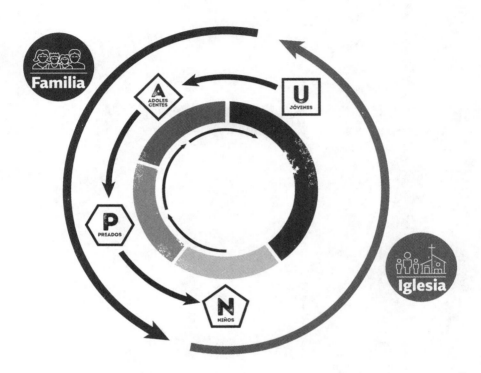

En trazos gruesos están representadas las cuatro etapas de la educación formal y dentro de ellas hay tres flechas que destacan la memoria instintiva de admiración que manifiesta cada una hacia la siguiente. Luego hay otras tres flechas inversas entre las cuatro etapas que representan la importancia de involucrar a cada etapa de maduración en mentorear a la siguiente; y por último, las dos principales fuerzas que dinamizan la mejor alianza para la formación espiritual de las nuevas generaciones.

Capítulo 2

CUATRO PARADIGMAS QUE DEBEMOS DEJAR ATRÁS

«La mayoría de las personas se contagian las presuposiciones de su familia o de sus círculos sociales de la misma manera que un niño se contagia sarampión. Los sabios, en cambio, saben que las suyas deben ser elegidas luego de una cuidadosa consideración.»

Francis A. Schaeffer

El Chavo del 8 solía decir «Sin querer, queriendo» (y si no conoces al famoso personaje del actor y productor mexicano Chespirito, entonces tu infancia se perdió una gran cosa). El Chavo del 8 decía esa frase cuando se arrepentía de hacer algo que no debía hacer, pero si había querido hacer... y algo así es lo que sucedió con los misioneros de habla inglesa que expandieron la fe evangélica por los países de toda América e incluso España. Ellos tenían las mejores intenciones del mundo, y debemos estar muy agradecidos con esos héroes de la fe, pero nosotros entendimos, equivocadamente, que sus maneras de las hacer las cosas eran parte inseparable de nuestras doctrinas.

Sacralizamos sus formas.

Sus liturgias y acercamientos a la pedagogía se instalaron en nuestros inconscientes colectivos y formaron la cultura eclesial hispanoamericana. Sus costumbres se convirtieron en imperativos categóricos que han diagramado nuestras estructuras mentales a la hora de definir lo que podemos y no podemos hacer para formar discípulos de Jesús.

Los ejemplos son muchos, y podríamos proponer un acercamiento académico a cada uno de ellos, lo cual ya nos llevaría a otro libro. Pero en este, hay cuatro paradigmas que quiero que consideremos desde las primeras páginas, porque estoy convencido de que han sido cuatro velos que nos han impedido hasta ahora ver y desarrollar una visión de liderazgo generacional con eficacia. Los cuatro paradigmas a los que me refiero son los siguientes:

- El ministerio de niños y el juvenil son dos ministerios totalmente separados.
- Los adultos son la prioridad de los pastores principales.
- El ministerio sucede en la iglesia y no en la familia.
- El éxito se mide por la cantidad de gente sentada en el templo.

Estas cuatro premisas tienen una historia, y también esconden algo de verdad, aunque en algunos círculos nadie se anime a enunciarlas de esta manera ni a confesarlas en voz alta. De cualquier modo, ahí están, en el inconsciente de todos.

Ensayemos entonces un análisis más profundo:

1. EL MINISTERIO DE NIÑOS Y EL JUVENIL SON DOS MINISTERIOS TOTALMENTE SEPARADOS

Lo confieso: por años miré al ministerio de niños de reojo. Mi especialidad y pasión siempre fueron los adolescentes. Incluso cuando estudié neurociencia originalmente, lo hice para entender el desarrollo del cerebro en esta etapa de la vida, que era la que a mí me interesaba. También al estudiar psicología evolutiva, tratando de aprender lo que esta herramienta me pudiera sugerir para el ministerio que Dios me había encomendado, lo hice exclusivamente pensando en ese período de transición que va de la niñez a la adultez, al que llamamos adolescencia.

El hecho es que fui formateado para pensar que el ministerio de adolescentes no debía convivir con el ministerio de niños, ya que una de las bases a la hora de trabajar con adolescentes era dejar bien claro que ya *no* eran niños. Pero me equivoqué. No porque ahora piense que es lo mismo trabajar con niños que trabajar con adolescentes o jóvenes. Definitivamente es distinto, y en los próximos capítulos vamos a abordar las diferencias principales. Pero sí me equivoqué al ser

> **ME EQUIVOQUÉ AL NO DARME CUENTA ANTES, QUE LA ADOLESCENCIA COMIENZA EN LA NIÑEZ**

cómplice de crear una brecha entre ambas etapas. Me equivoqué al no darme cuenta antes, que la adolescencia comienza en la niñez y a la niñez le sigue la adolescencia, y que el trabajo que hacemos en cada etapa está incompleto si no lo coordinamos con lo que sucede en la otra.

Quienes trabajan con niños y quienes trabajan con adolescentes y jóvenes, pueden trabajar juntos. No, déjame decirlo con mayor precisión: *deben* trabajar juntos.

No me refiero a que cada semana deban reunirse o compartir actividades, pero sí deben compartir la planificación estratégica, sobre todo en cuanto a las transiciones.

Esto es muy acertado, ya que cambios y transiciones son dos cosas diferentes. Los estudiosos en el tema coinciden en afirmar que la mayoría de los cambios fracasan debido a que no se manejan bien las transiciones. Un cambio es un evento (cumplo 11 años y comienzo la preadolescencia). Una transición es un proceso. Tiene que ver con la pérdida de una identidad y el nacimiento de otra nueva (cambian las personas con las que estudio, las actividades, los intereses, etc.). Algo conocido y querido se ha perdido, y lo nuevo está todavía por configurarse. No entender esta diferencia, y no incidir sobre ella, es una apuesta segura por perder gente, e incluso dañarla.

> *Es durante las transiciones que las personas son más vulnerables. En la transición a la adolescencia, a la universidad, y a la vida profesional, perdemos numerosos jóvenes en nuestras iglesias por no entender y no prestarle la debida atención a estos periodos tan críticos y sensibles de la vida.*
>
> *- Félix*

¿Te preguntaste alguna vez el porqué de la baja retención que muestran normalmente nuestras iglesias, si comparamos la cantidad de niños que pasan por las actividades y clases infantiles, con el porcentaje de estos que permanecen en la iglesia hasta su adolescencia y juventud? Claramente, una de las puertas de salida más notables se encuentra justamente en el pasaje de la niñez a la preadolescencia.

¿Qué ocurre en ese momento? Ocurre que llega el día en que ya están pasados de edad para participar en el ministerio de niños, pero al mismo tiempo el ministerio de jóvenes les parece una isla habitada por orangutanes de mucho pelo. Naturalmente se sienten intimidados, y lógicamente pierden el interés... Y ni hablar si ni siquiera tenemos un ministerio específico de preadolescentes, o al menos de adolescentes, sino que solo tenemos un grupo de jóvenes sin un final determinado, que incluye hasta los de... ¡30 y más!

Y en cuanto a la pedagogía, *¿es que ahora van a aprender lo mismo con menos canciones? ¿O será que con más canciones, pero con voces más graves, o con instrumentos de rock en lugar de guitarra clásica o música pregrabada? ¿Y qué es exactamente lo que aprendieron mientras eran niños?* Durante los años en que trabajé como pastor de jóvenes en una iglesia local, nunca me tomé el trabajo de averiguar. Lo mío era la reunión juvenil de la semana y mis adolescentes, y no me daba cuenta del potencial desaprovechado al no dialogar y planificar estratégicamente con quienes trabajaban con los niños. Los esfuerzos estaban desconectados. No había correlatividad en el aprendizaje ni en las experiencias, y hasta debo confesar que en algún momento hubo incluso competencia… *(¿Por qué el ministerio de niños tenía un presupuesto asignado por la iglesia, pero yo, como pastor de jóvenes, me lo tenía que crear?)*

Hoy soy papá, y eso me ha ayudado a recordar lo emotivo, y también lo estresante, que resulta pasar de una etapa a la otra. O, siendo más específico, de un grupo al otro, con maestros distintos, lugares nuevos y compañeros diferentes… Crecer no es fácil, y las transiciones de etapa son momentos de gran fragilidad que pueden abrir o romper oportunidades que cambiarán el curso completo de nuestras historias…

> **LAS TRANSICIONES DE ETAPA SON MOMENTOS DE GRAN FRAGILIDAD QUE PUEDEN ABRIR O ROMPER OPORTUNIDADES**

2. LOS ADULTOS SON LA PRIORIDAD DE LOS PASTORES PRINCIPALES

El misionero que fundó la iglesia en la que yo me crie, al igual que el que fundó la primera iglesia de tu denominación, o de la denominación de la cual salió tu iglesia, estudió en un instituto bíblico para enseñarle Biblia a otros adultos. Sencillamente no tuvo la posibilidad de aprender cómo transmitírsela a niños o adolescentes, porque eso no se enseñaba en los institutos bíblicos de aquel entonces. Y el foco eran los adultos, porque así estaba cableada la sociedad en la primera mitad del siglo pasado. Esto, a su vez, podría decirse que venía de los años siguientes al renacimiento. Menciono este detalle histórico porque la cosa no siempre había sido así. Si leemos un poco la Biblia, en los tiempos de Jesús, por ejemplo, es notable el protagonismo que tenían los adolescentes. Un caso evidente es María, que para cuando está comprometida con José, según todos los registros históricos de las costumbres de la época, no tenía más de 14 años. Otro ejemplo son los discípulos. Los evangelios cuentan que Jesús tenía 30 años cuando comenzó su ministerio público, y según las practicas judías en cuanto seguir a un maestro en aquella época, y las descripciones de tareas y otras referencias respecto a los discípulos, todo indica que la mayoría de ellos posiblemente tuvieran menos de 20 años cuando decidieron seguir al Maestro.

EL VISIONARIO DE LA CONGREGACIÓN QUEDA DISTANCIADO DE LO QUE SUCEDE CON LAS NUEVAS GENERACIONES

En Mateo 17:24-27, por ejemplo, Pedro y Jesús dialogan acerca del impuesto del templo que según Éxodo 30:14 deben pagar los mayores de 20 años, y Jesús instruye a Pedro para que «pesque» una moneda y lo pague... pero solo menciona pagarlo a su propio nombre y al de Pedro, aunque el resto de los discípulos estaban ahí. De hecho, según los historiadores, una moneda es el precio exacto del impuesto para *dos* personas. *¿Por qué Jesús iba a ocuparse solamente de su impuesto y del de Pedro, pero no del de los demás?* La historia pareciera dar por sentado que los demás no pagaban impuestos, lo que sería un claro indicador de que tenían menos de 20 años.

Siempre que menciono esto, quienes me escuchan me miran sorprendidos. Y la culpa se la echo a Leonardo da Vinci. El increíble Leo le regaló a nuestra era un cuadro de la última cena de Jesús que está lleno de barbas blancas, y que se ha pegado en la retina de la iglesia por más de 500 años. Desde entonces, hemos asumido que los discípulos se veían así.

Pero volvamos al misionero que fundó mi iglesia y tu iglesia... En muy poquitos casos, su esposa también había estudiado en el instituto bíblico. En el resto de los casos, que eran la mayoría, el hombre era el que «tenía el ministerio», y su esposa «solamente venía a ayudarlo.» *¿Y qué iba a hacer esta esposa para ayudarlo?* Lo natural era trabajar con niños si tenían niños, y con mujeres, mientras los esposos se dedicaban a la obra...

Avancemos ahora 100 años hacia el futuro, y comprobaremos que el perfil de la gran mayoría de los matrimonios pastorales en Hispanoamérica sigue siendo el mismo. El pastor principal enseña la Biblia a los adultos, y su esposa trabaja con niños (si tienen niños o si le gusta especialmente la educación), o bien dirige el ministerio de mujeres si ya «se graduó» del ministerio de niños.

Este paradigma tiene varios efectos colaterales que vamos a explorar a lo largo del libro, pero comencemos por mencionar solo tres:

El primer efecto de este modelo es que quienes trabajan con jóvenes, y sobre todo con adolescentes, son líderes primerizos en lugar de ser líderes maduros. En el caso de los niños, muchos padres de niños naturalmente se ofrecen como voluntarios para ayudar en la iglesia infantil o escuela dominical, y gracias a Dios muy seguido también hay alguna maestra de vocación. Pero en el caso del trabajo con adolescentes y jóvenes, hasta nos da un poquito de «miedo» que alguien permanezca en el ministerio juvenil por demasiado tiempo, y cuando «ya está grande» le decimos que es hora de que deje de trabajar con adolescentes, y que mejor tiene que comenzar a trabajar entre gente de su edad... Más adelante en el libro volveremos a esta idea.

Si tuvieras que sufrir una cirugía cerebral, ¿qué preferirías? ¿Un cirujano joven pero bienintencionado, o, por el contrario, el más formado y competente? ¿Un médico recién egresado o alguien con años de experiencia? ¿Te parece entonces sabio confiarles la salud espiritual de nuestros hijos a personas poco experimentadas?

- Félix

El segundo efecto colateral de este paradigma pastoral es que el visionario de la congregación queda distanciado de lo que sucede con las nuevas generaciones que están bajo su cuidado. «De eso se ocupan los jóvenes», o «Tenemos un matrimonio encargado», suele explicar... pero luego se lamenta de que pareciera haber conflictos de visión entre los distintos ministerios. Los líderes de jóvenes tienen su propia agenda, y el ministerio de niños, por su parte, parece ser un apéndice y no uno de los grandes atractivos evangelísticos de la congregación.

El tercer efecto colateral de que los pastores generales asuman que lo suyo son los adultos, y que no tienen mayor responsabilidad ni protagonismo en los ministerios a las nuevas generaciones, es que hay un desfasaje cultural. El asunto es que la familia promedio de hoy escoge sus actividades en función de los hijos, y no en función de los padres como sucedía varias décadas atrás. Dicho de otra forma,

LA PAREJA PASTORAL PRINCIPAL NO PUEDE DESENTENDERSE DE LO QUE SUCEDE CON LAS NUEVAS GENERACIONES

si los hijos no están entre los intereses del pastor principal, esto se va a notar en las prioridades, en el presupuesto y en la planificación de la congregación, ¡y los primeros en notarlo van a ser los niños y jóvenes! Luego, al ellos perder el interés, tarde o temprano también lo perderán sus padres, y esa iglesia envejecerá sin recambio.

En conclusión, por ahora y solo por ahora, antes de que mi querido pastor abandone ya mismo este libro... *¿Estoy proponiendo que los pastores principales deban dejar de ocuparse de los adultos?* No. Todas las edades son vitales para una congregación sana. Lo que estoy proponiendo es que la pareja pastoral principal no puede desentenderse de lo que sucede con las nuevas generaciones en su congregación, y no puede ver al ministerio de jóvenes o de niños como de menor importancia que el trabajo con adultos. Es cierto que los adultos diezman y los adolescentes y los niños no, pero tenga por seguro que, si esos hijos se pierden, a esos padres les va a resultar cada vez más cuesta arriba el apoyar su visión para la iglesia.

Si Jesús escogió a un puñado de jovencitos para dedicarles a ellos sus 3 años de ministerio, y a partir de ellos cambiar la historia humana, tengamos por seguro que Jesús sabía lo que hacía.

3. EL MINISTERIO SUCEDE EN LA IGLESIA Y NO EN LA FAMILIA

Solo algunos líderes muy ingenuos afirmarían esto en voz alta, porque la gran mayoría reconocemos que la familia es el núcleo central del diseño de Dios para el desarrollo sano del ser humano. Incluso en la dimensión espiritual. No existe iglesia sin familias.

Sin embargo, yo no estoy hablando de lo que decimos, sino de lo que hacemos...

A pesar de los más de 500 años que han transcurrido desde la reforma protestante, todavía no nos hemos terminado de desprender del marcado «templismo» en nuestro acercamiento a la espiritualidad. El Nuevo Testamento resalta claramente que Dios no habita en templos hechos de manos de hombres (Hechos 17:24) y que nosotros somos los templos del Espíritu Santo (1 Corintios 3:16), y sin embargo nosotros llamamos a nuestros templos de ladrillo, vidrio y metal, «la casa de Dios» y «el lugar donde habita o baja su presencia». Además, para ir allí debemos vestirnos o hablar distinto, porque ahí sí que hay que honrar al Señor...

En uno de los próximos capítulos vamos a hablar de eclesiología, la lógica de la Iglesia y de lo que la Biblia propone como identidad y misión para el pueblo de Dios, pero no quise tardar en mencionar este paradigma porque probablemente representa uno de los terrenos de mayor vulnerabilidad para la Iglesia de Cristo hoy. Si nuestras familias cristianas no están intencionalmente comprometidas con el discipulado, y los padres cómodamente descansamos en que alguien más les enseñe a orar y a leer la Biblia a nuestros hijos en el templo, lamentablemente criaremos nuevas generaciones débiles en su fe.

Esto es poderoso y debería ser obvio, aunque no lo es. Debemos crear una alianza estratégica. Los padres y la iglesia deben colaborar conjuntamente en la educación espiritual de los hijos, entendiendo claramente el rol que debe desempeñar cada uno de ellos. La responsabilidad de la formación espiritual corresponde, según la Biblia, a los padres, no a la iglesia. La iglesia acompaña en el proceso, pero no es responsable del mismo. Complementa, pero no sustituye. Los padres no deben «tercerizar» en la iglesia la formación espiritual de sus hijos, y esta no debería aceptar que lo hagan.

- Félix

Claro, todo esto es comprensible. Uno de los desafíos más notables de nuestra era es la cantidad de ocupaciones que tenemos y el poco tiempo que muchas veces los padres les dedicamos a nuestros hijos. Aunque siempre lo he entendido como una prioridad, y puedo contar un montón de testimonios respecto a preciosas conversaciones que provoqué con mis hijos, también debo confesar que me perdí muchas oportunidades por estar ocupado, aun en cosas de la iglesia. Y es que no es por ser malos padres que dejamos de priorizar el discipulado de nuestros hijos. ¡Es porque estamos demasiado ocupados!

El problema es que este paradigma nos enseñó que la iglesia va a hacernos las cosas más fáciles ofreciendo programas para enseñarles los principios bíblicos a nuestros hijos, y así nosotros podemos ocuparnos de lo que hacemos los adultos... Esta idea, incrustada en nuestro inconsciente, sale a la luz cuando los líderes de jóvenes no le prestan demasiada atención a cómo involucrar, o a cómo servir, a los padres. Muchas veces asumimos que, si el ministerio es para adolescentes, entonces es para *ellos*, y no para sus padres... sin darnos cuenta de cuán incompleta es la influencia que podemos ejercer sobre nuestros adolescentes si no influenciamos intencionalmente también a las personas más influyentes en sus vidas que, según toda la ciencia, ¡son precisamente sus padres!

> *Los padres de hoy necesitan toda la ayuda que puedan conseguir, pero desafortunadamente, la mayoría de los modelos ministeriales típicamente fracasan en ofrecerles ayuda. En un extremo, los padres son seducidos a ceder el desarrollo espiritual de sus hijos a la iglesia y en otros extremos menos populares pero reales, se avergüenza a los padres convenciéndolos que ellos son los únicos responsables por la fe de sus hijos. Estos modelos fracasan ya sea por desentender a los padres del discipulado de sus hijos o simplemente por abandonar a los padres llenos de culpa.*
>
> *- Kara*

En el caso del ministerio de niños, los padres al menos los traen a las clases y hay un poquito más de interacción entre maestros y papás. Pero de todas formas el calendario de la

¡SE REQUIERE UN GRAN EQUIPO PARA LOGRAR LOS MEJORES RESULTADOS!

mayoría de nuestros ministerios infantiles también delata el divorcio entre lo que hacemos en el templo y lo que sucede en el hogar. El discipulado en el templo y la experiencia en familia son dos realidades paralelas y muy separadas, sobre todo en aquellos casos de niños y adolescentes con padres no creyentes, que ni sospechan que nuestros esfuerzos los deberían involucrar, y beneficiar, a ellos también.

Recuerdo a un pastor en Colombia que me contó que su pastor de jóvenes había renunciado porque ya no creía en el ministerio juvenil, dado que había visto una película que hablaba de que el discipulado lo debe hacer la familia y no la iglesia... Y es que de tanto en tanto llegan modas, o acusaciones amarillistas, y algunos sectores de la Iglesia se escandalizan o se enamoran de esas modas con mucha facilidad. Este pastor de jóvenes había sido presa del estupor que le provocó este planteo... lo cual hizo que respondiera a este paradigma desde el otro extremo, y perdiera de vista que en nuestro desarrollo necesitamos un espacio específico para compartir con amigos y compañeros. También olvidó que la iglesia puede tener especialistas con buenos materiales para fortalecer y potenciar lo que se enseña en un hogar cristiano, o bien compensar o sanar lo que aprenden en sus hogares cuando esos niños llegan a nuestras comunidades lastimados por sus padres no creyentes. *¡Se requiere un gran equipo para lograr los mejores resultados!*

Una de las maneras prácticas más provechosas en las que las iglesias y las familias pueden potenciar relaciones intergeneracionales es repensar nuestras proporciones. Clásicamente en el ministerio en Estados Unidos se piensa que necesitamos un adulto cada cinco niños o adolescentes, pero ¿qué sucedería si diéramos vuelta la porción y procuráramos tener cinco adultos por cada joven en crecimiento?

Esta visión audaz propuesta inicialmente por investigaciones hechas por Chap Clark del Seminario teológico Fuller, ha inspirado a líderes y padres a rodear a cada estudiante con un equipo de cinco adultos que le afirmen.

¿Quiénes son esos cinco? No estamos sugiriendo que ahora necesites reclutar a cinco líderes de células o grupos pequeños para cada niño o adolescente. Uno puede ser el maestro de escuela bíblica o dominical, otro un mentor, otro un miembro de la iglesia que se compromete a orar por ese niño por nombre, otra persona puede ser una tía que ni siquiera asista a la misma congregación, pero decida ser una de esas cinco personas y otro pueden ser los padres de amigos de sus hijos que deciden ampliar la familia u hacerse responsables por la salud espiritual de al menos un amigo de sus hijos. Yo no tengo dudas de que podemos ayudar a las nuevas generaciones a alcanzar su potencial si más adultos nos involucramos en afirmar la fe de nuestros estudiantes.

- Kara

En las familias cristianas debemos ser muy intencionales en no abandonar y capitular al discipulado de nuestros hijos, así como los ministerios generacionales deben ser intencionales en involucrar a los padres, servirlos y potenciarlos.

LA IGLESIA NO ES UN TEMPLO FIJO SINO UNA ALDEA NÓMADE

La Iglesia no es un templo fijo sino una aldea nómade. Está conformada por familias que se ayudan y apoyan en el camino del Señor. En algunas familias hay doctores, en otras, maestros, y en otras, artesanos. Y para que la aldea funcione, cada uno debe ser fiel en lo suyo y a su vez proteger a los que tiene a su cuidado. Una iglesia local es mucho más fuerte cuando las familias están sanas, y las familias son más fuertes cuando el resto de los miembros de la aldea complementan, compensan y completan a esas familias.

> *Este punto es vital. Es un proceso incompleto intentar involucrarnos con niños y adolescentes totalmente aislados de los sistemas de relaciones en los que están inmersos; en particular, sin tomar en cuenta a sus familias.*
>
> *- Kara*

Contamos con la promesa bíblica: «Instruye al niño en el camino correcto, y aun en su vejez no lo abandonará.» (Proverbios 22:6). Y esa instrucción debe llevarse adelante en la manera como fue planteada por el Señor en la espectacular cita de Deuteronomio 6: «Grábate en el corazón estas palabras que hoy te mando. Incúlcaselas continuamente a tus hijos. Háblales de ellas cuando estés en tu casa y cuando vayas por el camino, cuando te acuestes y cuando te levantes. Átalas a tus manos como un signo; llévalas en tu frente como una marca; escríbelas en los postes de tu casa y en los portones de tus ciudades.» (Deuteronomio 6:6-9)

4. EL ÉXITO SE MIDE POR LA CANTIDAD DE GENTE SENTADA EN EL TEMPLO

Este será el paradigma más difícil de admitir. Quisiéramos decir que lo que anhelamos son nuevos convertidos, vidas transformadas, niños y adolescentes que van a asimilando los principios de la palabra del Señor acorde a sus edades, y universitarios que deciden servir al Señor sin importar cuál vaya a ser su carrera, y que eligen bien a sus parejas. Y es que seguramente esos deseos existen... pero no me refiero aquí a lo que deseamos, sino a cómo evaluamos nuestro éxito ministerial. El propio y el de otros.

April Diaz en su libro «Redefining the Role of the Youth Worker» (Redefiniendo el rol del líder juvenil) cuenta: «En el contexto de nuestra iglesia local comenzamos a preocuparnos al notar cuantos jóvenes iban perdiendo su compromiso al llegar a la universidad, pero no con nuestras reuniones, porque sí habíamos hecho ajustes de expectativas respecto a su involucramiento, sino respecto a las decisiones que estaban tomando. Llegamos a la conclusión de que debíamos reevaluar el impacto de cómo los habíamos discipulado en los años anteriores y redefinir cómo se veía el éxito que perseguíamos».[1]

¿Cómo se ve el éxito que persigues? Si nuestra imagen mental al visualizar el éxito que buscamos es un auditorio lleno de gente que aplaude lo bien que hablamos o cantamos... entonces ya tenemos por dónde comenzar a trabajar: ¡Hay que redefinir el éxito! Eso hice con el equipo de e625.com. Hicimos ese ejercicio con el equipo web, con el equipo de redes sociales, y con nuestros equipos nacionales que manejan los foros, las cumbres y el Retiro internacional de Liderazgo Generacional que organizamos. El primer hallazgo fue un tanto incómodo. Casi todos apuntamos inicialmente a más números en vez de a más servicio. Claro, la razón no es necesariamente negativa, y es que un aumento en el número de seguidores en las redes sociales es fácil de contabilizar, pero saber quiénes están aplicando con eficacia lo que compartimos, eso es más complicado. Es cierto, lo cuantitativo es más fácil de observar y de medir que lo cualitativo, ¡pero no debemos conformarnos con lo que es más fácil!

> *Debemos recobrar, como ya mencioné en mi libro «Todo joven necesita un mentor», la idea de que el propósito de la venida de Jesús fue hacer posible el hombre nuevo, la humanidad que el pecado hizo inviable. Pablo desarrolla ampliamente el concepto en Romanos 8:28 y 29, Gálatas 4:19; Efesios 4:11-13 y Colosenses 1:28 y 29, entre otros. La meta es llegar a ser como Jesús, Jesús formado en nosotros, vivir y pensar como el Maestro...*
>
> ***- Félix***

---

1   *Redefining the Role of the Youth Worker.* (Redefiniendo el rol del líder juvenil). April Diaz. The Youth Cartel. 2013.

Estamos inmersos en una cultura secular de *shows*, que lleva décadas enseñándonos audiovisualmente, desde pequeños, que el éxito se mide en popularidad. Lo que ha pasado es que, en el camino, muchos fuimos tragando esa píldora y haciéndonos adictos a ella.

Volviendo a los misioneros, hoy entiendo la historia desde el otro lado. Conozco iglesias y asociaciones que envían misioneros a distintas partes del mundo, y he visto la manera en que ellos deben reportar los resulta-

NO DEBEMOS CONFORMARNOS CON LO QUE ES MÁS FÁCIL

dos de su trabajo. Los misioneros dependen de esos reportes, porque son los hermanos que los escuchan los que decidirán si esa familia de misioneros va a seguir recibiendo un aporte para su sustento mientras trabajan en otro país. En la vieja escuela de estos reportes, las iglesias y asociaciones misioneras querían escuchar números, confirmando el paradigma que ya imperaba. *¿Cuantos nuevos convertidos hubo en las campañas? ¿Cuánta gente está asistiendo a la nueva obra?* Gracias a Dios, en los últimos años, la misiología o misionología revisó su manera de evaluar los resultados, y hoy en día la mayoría de las iglesias y agencias misioneras están aprendiendo a pedir menos números y más historias...

Capítulo 3

LA VISIÓN ESTRATÉGICA

«No se puede depender de los ojos, cuando la imaginación está fuera de foco.»
Mark Twain

Usualmente llamamos «administradores» a quienes trabajan en finanzas, pero en realidad, todos somos administradores.

Todos administramos lo que tenemos con el fin de producir resultados. Y, nos demos cuenta o no, los resultados que obtenemos son el fruto de una buena (o mala) administración de ideas, recursos, consejos y tiempo.

Los mejores líderes definen con ojos de halcón cuáles son los resultados que buscan, contabilizan los recursos disponibles, y saben cómo estos recursos deben interactuar entre sí para producir los mejores resultados. Por eso a partir de este capítulo vamos a trabajar en una estructura que puede ser adaptada con facilidad a cualquier contexto, tamaño, denominación y estilo ministerial, para que nuestras iglesias mejoren su nivel de retención de niños, impacten las vidas de más adolescentes, y provean a sus ciudades de esos discípulos de Jesús que tan desesperadamente necesitan.

LA ESTRUCTURA DE LA VISIÓN GENERACIONAL

El Señor me dio el regalo de poder servirle en una iglesia que tenía solamente 70 miembros, en otra de más de 10.000, y de trabajar con cientos de congregaciones por toda América y Europa. A lo largo de mi experiencia de tantos años trabajando con grupos locales de distintas

LOS MEJORES LÍDERES DEFINEN CON OJOS DE HALCÓN CUÁLES SON LOS RESULTADOS QUE BUSCAN

denominaciones y tamaños, he podido observar que existen algunos factores fundamentales para cualquier ministerio sano, sea cual sea la situación contextual.

Estos factores constantes son elementos básicos que siempre están presentes en nuestros ministerios, y no tienen nada de novedoso en sí mismos. Todos sabemos que están ahí, solo que no necesariamente los hemos analizado en profundidad y con herramientas actualizadas, o quizás lo hicimos de manera aislada, pero sin evaluar cómo interactúan entre sí para así poder diseñar una estructura que los dinamice y potencie.

> *Las conferencias y los libros de liderazgo de la última década han destacado una y otra vez la importancia de una visión clara. En las investigaciones que he podido liderar en iglesias que están haciendo un trabajo eficaz con las nuevas generaciones se confirma que sus pastores y líderes han invertido tiempo en soñar juntos y establecer una visión clara de lo que hacen. Cuando les preguntamos acerca de la historia de sus iglesias, el 31 por ciento de los líderes de las iglesias con mayor crecimiento con las nuevas generaciones afirmaron que la razón era una visión renovada del trabajo con nuevas generaciones, la cual fue la segunda respuesta por apenas un uno por ciento detrás de afirmar que había sido clave un cambio importante en el staff.*
>
> *- Kara*

En mi historia personal, cuando comencé en el ministerio mi foco estaba exclusivamente en lo que sucedía arriba del escenario durante las reuniones. Por mi propia inmadurez y la inconsistencia de la cultura eclesiástica que había heredado, yo pensaba que «liderazgo» era tener acceso al micrófono y participar de las decisiones acerca de quién predicaba, quién dirigía la alabanza, y cuándo y dónde iban

LA VISIÓN ESTRATÉGICA

a ser las actividades especiales. Si bien los factores constantes que vamos a analizar estaban presentes, yo los tenía desordenados. Incluso tal vez debería decir abandonados, como aquellas herramientas que sabemos que tenemos en casa, pero que no encontramos cuando necesitamos usar.

¿Cuáles son los factores constantes?

- **Constante 1.** La meta

- **Constante 2.** El público

- **Constante 3.** El liderazgo

- **Constante 4.** Las relaciones

- **Constante 5.** Los programas

- **Constante 6.** La cultura

Por favor nota que los llamo «constantes» porque siempre están allí, y no porque no cambien, ya que la cultura es cambiante, y el público es cambiante, por poner dos ejemplos. Lo que sí he verificado es que estos elementos siempre están presentes en nuestros ministerios, seamos o no conscientes de ello.

Ahora bien, estos seis factores se relacionan de forma orgánica y de manera natural, así que realmente no necesitamos hacer mucho para que se relacionen. Pero si queremos que lo hagan de la mejor manera posible, a fin de llevar nuestros procesos de discipulado al nivel ideal de eficacia, entonces sí debemos analizar su interacción e incluso *provocarla* con sabiduría.

El siguiente diagrama[1] representa lo que descubriremos juntos en las siguientes páginas...

---

1   Puedes descargar un video de este diagrama para compartir con tu equipo en la Zona Premium de www.e625.com

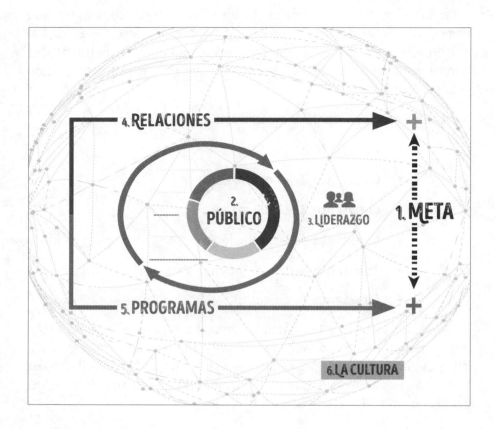

Del diálogo orgánico entre estos factores se desprenden 6 claves para un ministerio extraordinario a las nuevas generaciones. Seis dispositivos que, al ser detonados correctamente, provocarán una expansión en nuestras congregaciones.

LAS 6 CLAVES ACTIVAS DE LA VISIÓN GENERACIONAL

Los factores constantes son sustantivos, y ahora vamos a activarlos con verbos.

CLAVE 1. ENFOCARNOS EN LA GRAN META DEL LIDERAZGO GENERACIONAL

CLAVE 2. ENTENDER EL DISEÑO DE DIOS PARA EL DESARROLLO HUMANO

CLAVE 3. EJERCITAR EL LIDERAZGO APROPIADO

CLAVE 4. DESARROLLAR RELACIONES INTENCIONALES

CLAVE 5. IMPLEMENTAR PROGRAMAS ACERTADOS

CLAVE 6. INFLUENCIAR LA CULTURA

LOS MINISTERIOS EFECTIVOS SABEN HACIA DÓNDE SE DIRIGEN

1. Los ministerios efectivos saben hacia dónde se dirigen. Establecen una meta, definen el propósito detrás de cada esfuerzo, y fijan objetivos para cada paso que les permitan llegar a esos propósitos. Han evaluado y personalizado lo que Dios pretende de ellos, y se lanzan a cumplir su parte en el plan maestro de la Iglesia de Cristo sin importar el precio.

2. Las nuevas generaciones son el público del liderazgo generacional y el engranaje central del diagrama. El ministerio es hacia ellos, con ellos y para ellos. No es para satisfacer mis necesidades personales. No es para hacer carrera hacia «el ministerio en serio». No es porque alguien tiene que hacerlo. No sucede porque siempre se hizo, ni porque hay que hacer algo con ellos mientras sus padres escuchan los sermones y se involucran en la iglesia.

LOS MINISTERIOS SANOS TIENEN LÍDERES SANOS

3. Los ministerios sanos tienen líderes sanos que ejercitan apropiadamente los distintos estilos de liderazgo. Se enfocan en los propósitos, cultivan las relaciones buscando el bien común, y ejecutan un programa integral. Están íntimamente conectados a Cristo y son sabios para leer el nivel de madurez de los involucrados en cada situación.

4. Los ministerios efectivos son intencionales en cuanto a las relaciones. Reproducen el estilo de Cristo, y tienen líderes dispuestos y disponibles que hacen contacto personalizado con las necesidades de los niños o adolescentes y sus familias, generando una atmósfera de aceptación y amistad en la iglesia.

5. Los ministerios excelentes establecen estrategias apropiadas para conseguir los objetivos propuestos. Dejan de lado los «siempre se hizo así» y los reemplazan con métodos pertinentes para un espacio y un tiempo determinado. Paran la rueda de la inercia y evalúan cuál es el mejor medio para llevar a los jóvenes y adolescentes a la madurez en Cristo y para lograr el crecimiento de la Iglesia.

6. Los ministerios generacionales eficaces son relevantes en su cultura. Saben diferenciar lo que es central y lo que es periférico del evangelio, y entablan un diálogo práctico con las comunidades que quieren influenciar.

Mark Prensky, el autor del libro «Enseñar a los nativos digitales», indica que para que los procesos educativos tengan influencia y produzcan impacto en los muchachos y muchachas, han de ser relevantes y reales. «Relevante significa que pueden relacionar algo que enseñas o algo que dices con algo que saben... Real, por otra parte, significa mucho más y llega mucho más lejos. Real significa que en todo momento (o al menos con tanta frecuencia como sea posible) existe una relación percibida por los alumnos entre lo que están aprendiendo y su habilidad para que este aprendizaje les sea útil en el mundo».

- Félix

Capítulo 4

LA ECLESIOLOGÍA DEL MINISTERIO GENERACIONAL

«Dios no está solamente interesado en salvar individuos para que un día lleguen al cielo; Él está deseoso de encontrar personas entre las cuales vivir para que entre ellas reproduzcan su carácter.»

Gordon Fee

Hay algo peor que no saber hacer las cosas, y es no saber por qué las hacemos.

Hace algunos años le hice las siguientes preguntas a un buen grupo de pastores de jóvenes, al dar una clase en un respetado seminario de Centroamérica: *«¿Qué harían más seguido si tuvieran todos los recursos necesarios para hacer todo lo que sueñan en sus ministerios?»*. Muy aceleradamente levantaron sus manos y comenzaron a compartir... Yo los dejé volar para luego ir a la pregunta que más ansiaba hacerles: *«Ahora, sinceramente, ¿por qué harían eso?»*. Esta vez se tomaron unos minutos extra para responder, y sus caras verdaderamente reflejaron que estaban ejercitando sus neuronas.

Con este sencillo ejercicio salió a la luz el hecho de que todos tenían mucha facilidad para pensar en actividades originales e ideas alocadas, pero les tomaba más trabajo definir el por qué. Claro que algunos soltaron un par de versículos, pero se hizo notorio que cada uno había agarrado para el lado de su propios dones y preferencias

ES CASI IMPOSIBLE ARMAR UN ROMPECABEZAS SIN LA IMAGEN FINAL DE LO QUE SE DEBE ARMAR

personales. Los evangelistas citaban la gran comisión, los que estaban en la alabanza consideraban más espiritual pasar horas de canto congregacional (aunque claro que lo llamaban «adoración»), los más intelectuales habían destacado la importancia de la doctrina, y los solteros habían pensado en muchas salidas grupales...

Es casi imposible armar un rompecabezas sin la imagen final de lo que se debe armar. Lo mismo sucede en el ministerio. Si no tenemos extraordinariamente claro lo que debemos lograr, estaremos entretenidos desarrollando un programa que puede ser atractivo, pero que no conseguirá resultados perdurables en la vida de las personas que deseamos bendecir. Ya conoces el texto: *«Dónde no hay visión, el pueblo se extravía...»* (Proverbios 29:18).

La palabra eclesiología quizás le suene exuberante a algunos, pero simplemente se trata del estudio acerca de la Iglesia. *¿Cómo está constituida? ¿Qué dice la Biblia de su origen y de cómo se debe gobernar?* Y sobre todo, fuera de todo el lenguaje religioso, *¿para qué existe?*

La realidad práctica es que no hay una sola persona en el ministerio que no tenga por lo menos alguna noción básica de eclesiología, y posiblemente al leer la última pregunta te sientas tentado a responderla con rapidez. Pero soltemos el acelerador: dame el beneficio de la duda y mastiquemos juntos lentamente lo que sigue...

UNA ECLESIOLOGÍA INTENCIONAL

Cada pastor y maestro tiene una filosofía que acompaña el ministerio que lleva adelante. Claro que no siempre lo reconoce, y además no siempre esa filosofía está ordenada de tal manera que pueda ser comunicada con claridad. Como dice John Dettoni: *«Cada trabajador podrá responder al menos de manera embrionariamente racional el por qué él o ella hacen lo que hacen en el ministerio, pero no es suficiente con tener una idea vaga».* Es necesario definir hacia dónde nos dirigimos para no perder tiempo extremadamente valioso paseando por tradiciones, modas o expectativas superficiales. Y para esto, debemos ir a la fuente más confiable de autoridad: la Biblia.

LA SABIDURÍA NO ES NUESTRA, SINO QUE ESTÁ ANCLADA AL MENSAJE QUE COMPARTIMOS

A mí me golpeó fuerte cuando noté que un líder generacional llamado Pablo hizo una poderosa declaración en cuanto a la meta que debemos perseguir al trabajar con las nuevas generaciones. En su carta a la iglesia de Colosas, escribió:

«A este Cristo proclamamos, aconsejando y enseñando con toda sabiduría a todos los seres humanos, para presentarlos a todos perfectos en él.» (Colosenses 1:28).

¡Es una síntesis fabulosa! Pero... seamos honestos. No pareciera que siempre enseñamos con toda sabiduría, y menos que menos pareciera que llegamos alguna vez a lograr que alguien sea perfecto. Entonces, *¿qué quiso decir exactamente Pablo?*

John Gill, quien 100 años antes pastoreó la misma iglesia que Charles Spurgeon en Londres, predicando explícitamente sobre este versículo explicó: «Enseñamos con toda sabiduría cuando enseñamos el consejo de Dios expresado en el evangelio. Cuando revelamos a Cristo para salvación, aconsejando afirmarse en su rectitud para justificación, y cuando aconsejamos vivir con sobriedad y justicia sin hacer acepción de persona, estamos enseñando con sabiduría[1].»

En otras palabras, la sabiduría no es nuestra, sino que está anclada al mensaje que compartimos. Si lo que compartimos está fundamentado en principios de revelación eterna, será sabiduría pura.

---

[1]   *An Exposition of the New Testament* (Una exposición del nuevo testamento). John Gill. 1746-48

¿Y perfectos? La palabra en cuestión en el griego original es TELEIOS (τέλειοσ), palabra que también puede ser traducida como «maduros» o, en la paráfrasis del gran comentarista escocés de la Universidad de Glasgow, William Barclay, «completos[2].»

LA GRAN META

La síntesis que hace Pablo pone de manifiesto cuál debe ser la gran meta de la Iglesia en cuanto a las nuevas generaciones: Acompañarlas hacia una adultez madura que solo se logra en Cristo Jesús.

¿Pero qué quiere decir eso en términos prácticos? ¿Cómo desglosamos esa «madurez»?

Algunos años antes de escribir el libro cristiano más vendido de las últimas décadas, «Una Vida con propósito», Rick Warren y su pastor de jóvenes de aquel entonces, mi amigo Doug Fields de la iglesia de Saddleback en California, trabajaron en los libros y programas conocidos como «Una iglesia con propósito.» Con estos programas y materiales, Rick, Doug, y un movimiento grande de congregaciones, popularizaron la idea de que la iglesia debe estar enfocada en cinco propósitos que emergen de los textos bíblicos que conocemos como «el gran mandamiento» y «la gran comisión».

En estas palabras de Jesús leemos:

«'Ama al Señor tu Dios con todo tu corazón, con todo tu ser y con toda tu mente' —le respondió Jesús—. Éste es el primero y el más importante de los mandamientos. El segundo se parece a éste: 'Ama a tu prójimo como a ti mismo.' De estos dos mandamientos dependen toda la ley y los profetas.» (Mateo 22:37-40)

«Por tanto, vayan y hagan discípulos de todas las naciones, bautizándolos en el nombre del Padre y del Hijo y del

---

2   Comentario del Nuevo Testamento. William Barclay. Editorial Clie. 2006.

Espíritu Santo, enseñándoles a obedecer todo lo que les he mandado a ustedes. Y les aseguro que estaré con ustedes siempre, hasta el fin del mundo.» (Mateo 28:19-20)

Para Rick y Doug, los principios que saltan a la luz en estos versículos son:

1. Adoración

2. Ministerio

3. Evangelismo

4. Comunión

5. Discipulado

En mi caso, y sé que no soy el único, yo prefiero ver a la comunión no como un fin o un propósito en sí mismo, sino como un medio. Claro que es súper importante, y por eso es una de las 6 claves principales de este libro y vamos a dedicarle un capítulo entero, pero en lo que puedo observar al analizar críticamente el texto bíblico, y desde la perspectiva de lo que he podido notar en la ejecución ministerial y la experiencia de otros, yo entiendo que la comunión es más bien una avenida por la cual llegar a la adoración, al verdadero servicio, al evangelismo testimonial y a la obediencia. He dialogado sobre esto con Doug y otros pastores, y por eso yo desmenuzo estos mismos textos en cuatro propósitos sagrados que sirven para definir la meta en términos prácticos:

1. **Adoración:** «Amarás al Señor tu Dios con todo lo que eres.»

2. **Servicio:** «Amarás a tu prójimo como a ti mismo.»

3. **Evangelismo:** «Vayan y hagan discípulos.»

4. **Discipulado:** «Bautizándolos en el nombre del Padre, Hijo y Espíritu Santo, enseñándoles a obedecer.»

Los líderes cristianos eficaces, seamos padres, pastores, o maestros, debemos abrazar la idea de que nuestra tarea consiste en acompañar a las nuevas generaciones hacia una madurez que se va expresando

ALGUIEN ES «MADURO» ESPIRITUALMENTE CUANDO VIVE EN ACTITUD DE ADORACIÓN, SIRVE A SUS SEMEJANTES, EVANGELIZA NATURALMENTE Y SIGUE CRECIENDO EN OBEDIENCIA

en una relación íntima con Jesús, un amor genuino por otros, un entusiasmo por compartir las buenas nuevas del evangelio, y una devoción por hacer su voluntad.

Nadie que carezca de estas cualidades está «completo» todavía, independientemente de en cuántas actividades cristianas participe, cuánta Biblia sepa, o cuánto se emocione con las canciones cristianas de moda.

Podríamos decir entonces que alguien es «maduro» espiritualmente cuando vive en actitud de adoración, sirve a sus semejantes, evangeliza naturalmente y sigue creciendo en obediencia mientras ayuda a otros a crecer en ella también, ya que los verdaderos discípulos hacen discípulos (y por eso el evangelismo y el discipulado son dos aspectos del mismo ciclo).

En un capítulo más adelante vamos a llegar a los programas, pero detengámonos ya mismo a considerar si nuestras actividades, formatos de culto y grandes eventos logran lo que acabamos de mencionar...

Es importante pensar en esto porque el fin nunca justifica los medios, pero... ¡siempre los determina! Aquello que queremos lograr determinará que medios podemos, o no, usar para alcanzarlo. Algunos serán adecuados, otros neutros, y aun otros puede que nos estén alejando del propósito que perseguimos. Es el eterno dilema entre forma y función. Para llevar a cabo una función (oración) desarrollamos una forma (culto de oración). Con el paso del tiempo, forma y función se confunden... E incluso a veces, con el paso del tiempo, la forma acaba desplazando a la función.

- Félix

Ahora vayamos un poquito más profundo con cada propósito:

PROPÓSITO 1. ADORACIÓN

Todas las civilizaciones de la humanidad han hablado de rendir culto, servir y obedecer a sus dioses, pero solo la teología judeocristiana insiste con AMAR a Dios con todo lo que somos, porque Él ama al ser humano con todo lo que es. De hecho, separando la teología hebrea de la cristiana, es notorio en las conversaciones de Jesús y en las cartas de Pablo que la segunda parte de esa afirmación solo encuentra su plena manifestación en Cristo. Jesús llamó a su padre celestial *Abba,* o «papito», y nos regaló la expresión más cruda del amor en su sacrificio en la cruz.

La adoración genuina no se trata de cantar lento, como se repite en tantos círculos cristianos. No es un estilo musical. No se reduce al canto, ni demanda tener los ojos cerrados ni llorar mientras cantamos. La adoración genuina es devoción del corazón, que se traduce en obediencia. Excluye al temor, exacerba la confianza, genera gozo, e incluso nos pone en armonía con el resto de los humanos.

> **LA ADORACIÓN GENUINA ES DEVOCIÓN DEL CORAZÓN, QUE SE TRADUCE EN OBEDIENCIA**

Hace un tiempo escribí: «Es imposible adorar sin perdonar, y hay heridas que son imposibles de perdonar sin adorar.»[3]

Cuando los líderes sintonizamos nuestros ministerios con los mandamientos de Cristo, trabajamos sin descanso para levantar adoradores, porque eso es lo que Dios sigue buscando. Jesús mismo lo recordó en Juan 4:23-24, cuando dijo: «Pero se acerca la hora, y ha llegado ya, en que los verdaderos adoradores rendirán culto al Padre en espíritu y en verdad, porque así quiere el Padre que sean los que le adoren. Dios es espíritu, y quienes lo adoran deben hacerlo en espíritu y en verdad.»

---

3   Diferente. Lucas Leys. Especialidades Juveniles. 2015

PROPÓSITO 2. SERVICIO

La consecuencia directa de amar a Dios es amar lo que Él ama. Por eso el gran mandamiento dice que debemos amar a nuestro prójimo como a nosotros mismos. Jesús dijo que esa sería la gran señal del cristianismo (Juan 13:35), y Juan nos exhortó diciendo que no podemos decir que amamos a Dios si no amamos a nuestros hermanos que vemos en necesidad (1 Juan 4:20). Ahora bien, *¿qué produce el amor en la práctica?* ¡Servicio! Claro, al decir servicio no nos referimos a una actividad dentro del templo, de esas que requieren un título eclesiástico. Tristemente todavía, en muchos círculos de la Iglesia, los cristianos tienen un divorcio –en su comprensión– entre el servicio y el amor. Por ejemplo, seguramente lo escuchaste en la última noche de muchos congresos juveniles: se hace un llamado a la consagración, pero lo que se comunica entre líneas es que consagrarse a Dios debe traducirse en un mayor compromiso con las actividades del templo... pero no necesariamente en un mayor compromiso con servir a los que nos rodean o a aquellos en necesidad. Por años la Iglesia ha limitado el «servicio» a lo que ocurre dentro del templo. Como consecuencia, cuando los niños y adolescentes piensan en «servir a Dios», la idea que tienen es la de manejar bien un micrófono, tocar teclado o guitarra en un escenario, enseñar Biblia en la escuela dominical, o, en el otro extremo, irse a África de misioneros.

LA CONSECUENCIA DIRECTA DE AMAR A DIOS ES AMAR LO QUE ÉL AMA

Tienes toda la razón, Lucas. Un gran seguidor de Jesús afirmó que «en el necesitado nos encontramos con Cristo disfrazado». Mis alumnos en la Universidad siempre me preguntan: «¿Qué entrará en el examen? ¿Bajo qué criterios seremos evaluados?» ¡Ellos no quieren sorpresas! Jesús afirmó que nuestra evaluación final no será acerca de soteriología, pneumatología, eclesiología, o la doctrina de los últimos tiempos; más bien será acerca de nuestra respuesta frente al prójimo necesitado...

- Félix

Los líderes efectivos entienden que el servicio tiene que ver con el amor al prójimo, y por eso facilitan oportunidades para que las nuevas generaciones lo puedan practicar. El servicio tiene que ver con responder a las necesidades de quienes nos rodean, y hay infinitas formas de hacer esto. ¡Levantar a una generación de servidores es una misión encomendada por el comandante en jefe, y nosotros debemos usar nuestras mejores estrategias para lograrlo!

> *Muchos jóvenes de nuestras iglesias quieren hacer una diferencia y todas nuestras congregaciones tienen el poder de facilitarlo, sobre todo ayudándoles a entender el porqué de su pasión conectando ese anhelo con la narrativa de redención del evangelio. Para un próximo sermón, serie o clase pensemos activamente cómo podemos inspirar a los adolescentes y a los adultos emergentes a ser los mejores vecinos de sus comunidades y que vean ese deseo en conexión con el plan original de Dios.*
>
> *- Kara*

PROPÓSITO 3. EVANGELISMO

No me refiero específicamente a tu congregación, pero si viajas como yo, te darás cuenta de que si hay algo de lo que hablamos mucho y practicamos poco, es el evangelismo.

A mí se me ocurren tres razones para esto:

La primera es que vemos al evangelismo como una actividad que hacemos en un determinado momento puntual, en vez de como un propósito que debe enfocar todos nuestros esfuerzos.

La segunda es que tenemos una idea muy «formulista» de cómo hacer evangelismo, y lo hemos convertido en algo que hacen «los evangelistas» en vez de considerarlo como un testimonio natural que todos podemos dar.

La tercera es que quizás necesitamos más compasión por quienes se están perdiendo tanto un cielo en la tierra y como un cielo eterno en la gloria con Jesús.

Los ministerios sanos no ofrecen excusas para el estancamiento de una congregación. Debemos levantar a nuevas generaciones que se entusiasmen con el evangelismo y que entiendan que no es una variable negociable en la experiencia cristiana. Por los perdidos, y aun por ellos mismos.

LOS MINISTERIOS SANOS NO OFRECEN EXCUSAS PARA EL ESTANCAMIENTO DE UNA CONGREGACIÓN

El propósito de evangelizar debe perfumar cada actividad de nuestros ministerios a las nuevas generaciones. Si queremos ministerios de niños, preadolescentes, adolescentes y universitarios contagiosos y gozosos, entonces debemos apuntar todos los componentes hacía un ministerio extrovertido y continuamente enfocado en compartir las buenas nuevas de Jesús.

PROPÓSITO 4. DISCIPULADO

El discipulado es un proceso amoroso. Puede empezar desde muy temprano en la vida, y se terminará en los cielos. Si estás leyendo este libro es porque tienes un interés especial en que tus niños, adolescentes o jóvenes aprendan a obedecer a Jesús y se mantengan siempre creciendo en su fe. *¿De qué sirve tener un ministerio de niños o preadolescentes «exitoso» si en unos años esos jóvenes no van a estar obedeciendo a Cristo?* Tener un templo lleno de hijos que saben hablar el dialecto «evangélico» no es la meta.

El conocido pensador Henri Nouwen solía destacar que «discípulo» y «disciplina» son la misma palabra. Ser discípulos y amigos de Cristo significa que queremos vivir como Él nos enseñó. El discipulado no es un programa ni un método. El discipulado es practicar las disciplinas de Cristo a tal punto que nuestra vida contagie a otros con la obediencia que puedan ver en nosotros. Es por eso que en unas páginas vamos a analizar específicamente al liderazgo que necesitamos desarrollar. Nosotros debemos vivir las enseñanzas de Cristo para poder modelarlas a quienes lideramos. Algunas de esas enseñanzas fueron amar sin condiciones ni preferencias, resistir la tentación, ayudar al necesitado, y llevar siempre en alto nuestros valores. Esta es una increíble responsabilidad de cara al trabajo con nuevas generaciones y más considerando el ecosistema en el que nos entramos.

Cristo practicaba el retiro, la oración, la misericordia, el perdón, la sencillez, la compasión, el sacrificio... y nosotros debemos enseñar todo esto involucrándonos en las mismas disciplinas en que Jesús se involucró.

Dicho en otras palabras, crecer conforme a la estatura de la plenitud de Cristo (Efesios 4:13), dejando de lado las cosas de niños (1 Corintios 14:20), esperando alcanzar aquello para lo cual Cristo nos alcanzó (Filipenses 3:12), conociéndolo a Él cada día más (Filipenses 3:10) mientras comprendemos con todos los santos la dimensión de quién es Jesús (Efesios 3:18), debe estar constantemente en la mira de nuestros ministerios.

LA COMUNICACIÓN CONTINUA

El siguiente paso luego de establecer con claridad la meta y los propósitos que la explican, es comunicarlos con inteligencia. Quienes hacen un mejor trabajo saben que la gente comprende la misión de un equipo de muchas formas, y por eso se aseguran, de maneras diversas, que la mayor cantidad posible de involucrados tenga claro hacia dónde se dirigen.

Por ejemplo, es un hecho que algunas personas somos más visuales que otras, que hay otros más conceptuales, y hay aun otros a quienes solo los movilizan los lazos afectivos. Por eso es necesario usar diversos métodos para fortalecer la dirección de nuestros ministerios.

NO HAY OCASIÓN EN LA QUE NO SEA IMPORTANTE QUE TODOS LOS INVOLUCRADOS ENTIENDAN EL GRAN PORQUÉ DE LO QUE HACEMOS

El uso cuidadoso de las palabras, las imágenes, y los símbolos, es un arte conocido como «semiótica» y, aunque no usemos esa palabra, se trata de un componente vital en cualquier grupo social sano.

No hay ocasión en la que no sea importante que todos los involucrados entiendan el gran porqué de lo que hacemos, para quién es que trabajamos, y cuáles son las promesas que están en juego. Tres secretos que he visto funcionar a través de los años para la comunicación eficaz son:

- ✓ Personalizar
- ✓ Repetir
- ✓ Evaluar

PERSONALIZAR

Todos necesitamos saber para qué estamos en determinado lugar y por qué hacemos determinada actividad. Incluso los niños. Ellos se desesperan cuando no conocen el propósito de algo... y los adultos también, solo que aprendimos a camuflar la desesperación. O, quizás, ya nos acostumbramos a ella.

Hoy en día es muy raro entrar a una corporación importante y no encontrarnos en la recepción con un gran cuadro que destaque la declaración de misión de esa empresa. Las multinacionales más destacadas del planeta han aprendido la importancia de que no solo su CEO y los vicepresidentes conozcan la misión, sino que cada uno de sus empleados sepa cuál es el resultado final de sus esfuerzos.

¿Por qué? Porque cuanto mejor entendamos la razón para una actividad, o incluso para una regla, y cuanto más claros podemos ver los resultados de cumplirla o no, más fácil resulta llevar adelante la actividad o cumplir la regla con entusiasmo. Esta realidad se aplica a niños, adolescentes, y universitarios, a los padres, y también al equipo de líderes. Por eso es importante preguntarte en relación a tu iglesia: *¿Tenemos una declaración de misión en nuestros ministerios a las nuevas generaciones? ¿Qué tal escribirla pronto, o revisar la que ya* *tengan, luego de leer los próximos capítulos?* (El próximo te va a traer muchísima luz en cuanto a la visión integrada que mencionamos al comenzar el libro.)

Una declaración de misión no tiene por qué incluir palabras rebuscadas o versículos bíblicos explícitos. La declaración debe sencillamente resumir lo que se entiende como los propósitos de Dios para esa iglesia u organización particular.

> *Mi declaración de misión personal es: «Ayudar a líderes y organizaciones a desarrollar todo su potencial». La declaración de misión de la iglesia que pastoreo es: «Ser de parte de Dios agentes de restauración y reconciliación en la ciudad de Barcelona». Nuestra misión es importante porque es nuestra razón perenne de ser, nuestra contribución única y singular al Reino de Dios....*
>
> *- Félix*

PERSONALIZAR TIENE EL GRAN BENEFICIO DE PERMITIR LA IDENTIFICACIÓN

La adoración, el servicio, el evangelismo y el discipulado, o incluso el gran mandamiento y la gran comisión, deben estar presentes, pero no cada palabra de manera literal. *¿Por qué?* Para que se sienta personal y propia y no algo universal. De hecho, el evitar usar estas palabras específicas genera un desafío extra, ya que no siempre la idea que tiene la gente es exactamente lo que la Biblia y nosotros entendemos al usarlas.

Personalizar tiene el gran beneficio de permitir la identificación. La declaración de misión debe lograr tener un significado personal y conjunto en la vida de los miembros del grupo que se lanza a la misión. Por eso es mejor escribirla en nuestras propias palabras.

Al hacerlo se debe evitar usar frases exageradas, que finalmente terminan siendo irreales y acaban provocando frustración porque es algo tan grande que ni vale la pena intentarlo... Me refiero a frases del tipo: «¡Nuestro propósito es impactar al mundo!». Quiero decir, *¿una iglesia local pretende impactar a todo el planeta Tierra? ¿O a qué nos referimos exactamente? ¿A la gente que no conoce a Dios? ¿Y cómo vamos a hacer eso?* Si queremos incluir la geografía, entonces es mejor empezar por nuestra localidad o nuestra ciudad... o, siendo muy ambiciosos, nuestro país o continente, pero en ese caso más vale que estemos seguros de que eso es lo que Dios nos propuso hacer.

Hace poco recibí un comunicado de prensa de un joven pastor de un país latinoamericano que decía en su biografía que él era alguien que «estaba impactando a su país». Me interesé por saber más de él, pero descubrí que ni siquiera los pastores de su ciudad lo conocían, que su ministerio estaba recién empezando, y que su boletín de noticias (que era la base de su ministerio) tenía una salida de 2000 ejemplares en un país de varios millones... Siempre es buena idea ser humildes y enfocarnos en el lugar dónde Dios nos puso.

Un último consejo, pero muy importante: no hagamos la declaración de misión a solas. Hay que involucrar a la mayor cantidad de gente posible en el proceso, aunque sea más tedioso y lento que decidirla a solas. ¡Discutir la declaración de misión es una oportunidad preciosa para enfocar a todos en la gran meta y sus propósitos!

REPETIR DE DIVERSAS MANERAS

Cada vez que comienzo una reunión con un equipo de trabajo comienzo verbalizando el fin que perseguimos, aunque sea un equipo con el que trabajo continuamente. Lo que he aprendido es que este hábito sincroniza la atención de los individuos. Al escuchar la razón por la que estamos reunidos, se minimizan las distracciones. Con esto logro capturar la atención del grupo, porque una cosa es que tengan que escucharme, y otra es que quieran hacerlo. ¡Y es que olvidarnos del por qué detrás de cada esfuerzo es mucho más usual de lo que solemos suponer!

En mis días malos entro a reuniones con una tarjeta mental de puntuación. ¿Cuántas buenas ideas tengo hoy? ¿Estoy entre el 50% de los contribuyentes de la reunión o el 50% que no tiene nada para aportar? En mis días buenos, en cambio, entro a las reuniones con una disposición a la comunidad y he notado que esto se da mucho más seguido cuanto más fresco tengo en la mente el propósito de esa reunión.

Cada persona y cada idea son valiosas porque todos aportan a la comunidad cuando hay una misión precisa. Esa idea que a simple vista no es tan buena puede catalizar una tremenda tormenta de ideas en otra persona y es que una pequeña idea, aunque no aparezca buena puede ser la chispa que encienda un fuego de brillantez en los demás y desde esa perspectiva todas las contribuciones son igual de importantes porque no estamos en la reunión con fines individualistas sino una conciencia común.

- Kara

Todos conocemos iglesias e instituciones que empezaron con un propósito en mente y luego, al ir pasando los años, se olvidaron de para qué existían. Seguramente conoces denominaciones que nacieron para despertar al resto de la Iglesia y que ahora son parte de las más dormidas. *¿Qué pasó?* Se olvidaron de para qué existían... o quizás existieron para propósitos momentáneos y no eternos como los del gran mandamiento y la gran comisión.

Conozco una gran cantidad de ministerios que a principio de año señalan los objetivos anuales con una palabra profética o rhema, según sea el contexto, y le recuerdan a todo el mundo los propósitos, pero que luego a los pocos meses se olvidan de lo que esperaban lograr, y, a partir de allí, lo que sucede el resto del año pierde conexión con lo que se habían propuesto al inicio. *¿Por qué es tan común que pase esto?* Porque es necesario repetir la declaración de misión de distintas maneras durante todo el año.

Está comprobado que los seres humanos tenemos distintas maneras de aprender, pero sin embargo yo aún me sorprendo de cómo gente mucho más inteligente que yo, con la que trabajo continuamente, necesita que le recuerde el por qué hacemos lo que hacemos, o por qué lo hacemos de determinada manera y no como lo hacen otros ministerios.

Además, las distintas personalidades suelen conectarse con distintas maneras de decir lo mismo. Por eso es importante repetir la declaración de misión personalizada de diversas formas, y teniendo en cuenta esta realidad. Las imágenes van a ayudar mejor a los visuales, las predicaciones y canciones van a ayudar a los auditivos, y las conversaciones personales a los afectivos. Hay mucha gente que, si no se lo comunica alguien en quien confían de una manera más íntima, nunca va a lanzarse realmente con todo en esa misión. Esto es especialmente cierto en el caso de niños y adolescentes, debido a la etapa de maduración cognitiva en la que se encuentran.

¿Qué podemos hacer para repetir la meta, sus propósitos y nuestra misión de manera continua?

- Carteles
- Videos para viralizar en redes
- Canciones lema
- Poner la declaración en papel y sobres membretados
- Dedicar un mes al año a refrescar el tema
- Leerla antes de algunas reuniones de líderes
- Repetir la declaración de misión al dar la bienvenida a la reunión
- Dramatizaciones
- Publicarla en boletines de la iglesia
- Hacer una entrevista a alguien que haya hecho algo significativo que ilustre un propósito cumplido y sus beneficios
- Graffitar una pared
- Banderas
- Ponerla como firma de tus emails

- Señaladores
- Que los niños hagan carteles completando la declaración de misión
- Que los jóvenes den testimonio de los resultados
- Voz en off que la declare
- Debates
- Camisetas
- Brazaletes

...¡Y seguramente ya mismo se te están ocurriendo otras ideas de cómo hacerlo!

EVALUAR

Cuando terminé el secundario tenía terror de ir al dentista. Mi mamá me insistía en que vaya, pero yo siempre me las rebuscaba para no ir. Mi mejor excusa era que la última vez que había ido, mi odontóloga no me había encontrado nada y me había dicho que mi boca estaba perfectamente sana. Las normas lógicas de prevención dicen que hay que ir al odontólogo por lo menos una vez al año para una evaluación que mantenga las caries controladas, pero yo dejé de ir por casi tres años... hasta que sentí un dolor. Cuando mi odontóloga me revisó después de tanto tiempo, me encontró un zoológico de caries. Mi dentadura, que hasta la evaluación anterior había estado en perfectas condiciones, nunca volvió a ser la misma, y hasta el día de hoy estoy pagando las consecuencias de esos tres años en que me descuidé.

Evaluarse puede ser incomodo, pero es crucial.

No me gustan las generalizaciones, pero una apreciación con la que muchos observadores culturales están de acuerdo es que a los hispanohablantes no nos resulta muy automática la autocrítica... Todos los pueblos de habla hispana hemos pasado por procesos de tiranías con líderes nacionales a los que no se les podía objetar nada, viviendo en ambientes en los que estar en desacuerdo respecto a una idea era visto como una amenaza al sistema o como una muestra de rebeldía.

> Albert Einstein afirmó: «Locura es hacer lo mismo una y otra vez y esperar resultados diferentes». Los filósofos griegos afirmaban que una vida no evaluada no era digna de ser vivida. Y el Salmo 139 nos invita, en sus versículos finales, a incorporar a nuestras vidas el hábito de ser evaluados por Dios. Nosotros siempre comenzamos nuestras reuniones de equipo con tres preguntas de evaluación: 1. ¿Qué hemos hecho bien desde la última vez que nos vimos? 2. ¿Qué deberíamos mejorar? y 3. ¿Qué deberíamos hacer diferente?
>
> *- Félix*

Debemos corregir eso.

Y no vayas a creer que a mí no me cuesta. *¿Por qué insisto en que esto es importante?* Porque el tener la meta y sus propósitos súper claros, y el personalizar esta visión en una declaración de misión propia, no solo regala dirección a nuestros esfuerzos, sino que también facilita la posibilidad de medir los resultados... y a medida que vamos evaluando, también vamos afinando la visión y la efectividad de nuestras iniciativas.

Algunas preguntas importantes que debemos hacernos periódicamente:

¿Qué propósito vamos a estar alcanzando con este programa?

¿Hay algún propósito que está siendo descuidado en nuestra programación?

¿Quiénes son las personas que están cubriendo mejor cada uno de los propósitos?

¿Hay una mejor manera de optimizar los resultados con algo que no hayamos probado aún?

¿Hay síntomas de que estamos ayudando a las nuevas generaciones a madurar?

En el servicio Premium de e625.com encontrarás algunos formatos de evaluación para descargar y usar con tus ministerios a las nuevas generaciones.

Capítulo 5

LAS CINCO ETAPAS CAMINO A LA ADULTEZ

«Cuando nos damos cuenta que estamos ante una obra de arte, lo primero que hacemos es rendirnos. Observamos. Escuchamos, tratamos de entender...»

C. S. Lewis

Compartir una clase con varones de ocho es todo un desafío. Interrumpen. Comentan la lección sin edición. Sueltan detalles «científicos» sin conexión aparente. Coleccionan cosas mientras escuchan. Se las muestran al de al lado. Piden agua. Se acuerdan de algún súper héroe. Piden ir al baño porque tomaron agua. Miran por la ventana, y si no hay ventana, miran esa ilustración rara en la pared. *¿Es una jirafa o un dinosaurio desconocido?* Responden la pregunta, pero esa no era la respuesta a la pregunta sino algo que se les ocurrió y que no tenía nada que ver con la lección. Y... *¿ya dije que interrumpen?*

Los niños de ocho son una obra de arte. Lo sé porque en algún momento yo mismo tuve ocho, porque mi hijo tuvo ocho, y porque también di clases a niños de ocho... y así como hay gente a la que le corre un sudor frío si tiene que hablar en público ante un grupo grande de personas, a mí me recorre ese mismo sudor frío si tengo que dar una clase a niños de ocho.

ASÍ COMO PINTA COLORES EN LOS CIELOS POR LAS TARDES, EL CREADOR DEL MUNDO DISEÑÓ UN CAMINO DE MADURACIÓN GRADUAL

Cada etapa de la vida es crucial, y el liderazgo generacional justamente tiene que ver con respetar cada etapa y entender cada una de ellas en conexión con las otras.

El mismo hecho de que haya etapas es parte del diseño del gran artista celestial. Así como pinta colores en los cielos por las tardes, el creador del mundo diseñó un camino de maduración gradual. Un ciclo para la vida. Y cuanto mejor entendamos este ciclo, más eficaces seremos en sacarle el jugo hasta la última gota.

LAS ETAPAS DESDE LA PERSPECTIVA DE LA IGLESIA

Son demasiados los niños y jóvenes que se pierden de disfrutar el amor incondicional de Dios, una relación dinámica con Jesús, y la vitalidad de una comunidad cristiana sana. Por eso, la segunda clave del liderazgo generacional es entender el diseño de Dios para el desarrollo humano. ¡Tenemos que entender a este público si queremos servirlo de la mejor manera posible y acompañarlo hacia la gran meta y sus propósitos!

Miremos entonces, con mayor profundidad, las 5 etapas críticas del desarrollo:

- La primera infancia
  - La niñez
    - La preadolescencia
      - La adolescencia
        - La juventud

0-5 LA PRIMERA INFANCIA

Los menores de cinco necesitan a sus padres. Los necesitan–necesitan. Sin atenuantes.

Los pastores y líderes de la Iglesia debemos comprender que durante esta etapa esos padres no pueden tener otra prioridad que no sea pasar tiempo con sus niños pequeños.

Esos padres van a llegar tarde a las reuniones.

Esos niños van a hacer ruidos molestos y a regalarnos olores extraños cuando estemos con esos padres.

Esas familias van a tener que hacer un gran esfuerzo para que la historia de esa criatura se inicie con un gran comienzo.

El cerebro humano es un universo misterioso y, para sorpresa de la ciencia, la posibilidad de «ver» y «leer» el movimiento de las neuronas ha avanzado más rápido de lo que incluso los más destacados científicos pudieran anticipar hace solamente unos años atrás.

> TODO LO QUE OCURRE ANTES DE LOS CINCO AÑOS ACELERA O DESACELERA LA NEUROPLASTICIDAD PARA EL RESTO DE LA VIDA

Hoy contamos con electroencefalogramas, magneto encefalografías, tomografías por emisión de positrones, resonancias magnéticas funcionales y espectroscopías magnéticas nucleares, todo lo cual nos permite comprobar que el cerebro se reorganiza a sí mismo continuamente. Esto se llama neuroplasticidad.

Ahora bien, todo lo que ocurre antes de los cinco años acelera o desacelera la neuroplasticidad para el resto de la vida. En palabras más simples, los primeros cinco años de vida tienen mucho más que ver con nuestra inteligencia de lo que antes sabíamos, y también tienen mucho que ver con la sana regulación de nuestras emociones.

Para el Dr. David A. Souza, autor del influyente libro «How the Brain Learns» (Cómo aprende el cerebro): «La ventana para desarrollar el control emocional se abre entre los dos y los treinta meses. Durante este periodo, el sistema límbico (emocional) y el lóbulo frontal donde trabaja el raciocinio, están cada uno evaluando la capacidad del otro para lograr que su dueño obtenga lo que desea. Es una competencia

LA IGLESIA LOCAL TIENE QUE ESTAR MUY ATENTA A LAS MADRES SOLTERAS, VIUDOS Y DIVORCIADOS

injusta, ya que hoy sabemos que el crecimiento biológico se da más rápido en los laterales que en el frontal. En consecuencia, lo emocional tiene más probabilidades de imponerse sobre lo racional en la guerra por el control, y aquí es donde, si los padres incautos siempre permiten que el niño consiga lo que quiere manifestando un brote emocional o una «rabieta», están confirmando ese sistema, y entonces será ese el sistema que el niño con más frecuencia utilizará luego de que la ventana se cierre».

Este es un asombroso ejemplo de cómo la educación familiar puede influir sobre nuestra naturaleza para toda la vida, y de por qué es tan vital que los padres estén centrados en su tarea de crianza.

Otro aspecto increíble de esta etapa es la adquisición del lenguaje y el vocabulario. Varias investigaciones confirman que los niños a los que sus padres (y me refiero a hombres) les hablan más seguido, tienen vocabularios más completos. Las áreas lingüísticas del cerebro se activan entre los 18 y los 20 meses. A los 3 años podemos aprender diez palabras nuevas por día, para luego a los 5 años de edad, contar con un vocabulario cercano a las 3000 palabras. Luego comienza gradualmente la desaceleración neuronal del lenguaje.

Para el cierre de esta etapa los niños ya pueden armar frases complejas, y mezclar fantasía y realidad de maneras muy chistosas. Incluso algunos hablan por largos ratos solo por la necesidad de comunicarse.

En esta etapa, cada familia necesita la compresión de su comunidad cristiana. Necesitan pastores, líderes y amigos que continuamente los reactiven como padres, y que no agreguen más razones para que sean padres distraídos, de esos que por otras «buenas» actividades se pierdan de ejercer al máximo su rol fundamental de moldear la naturaleza de sus hijos con intencionalidad.

La iglesia local tiene que estar muy atenta a las madres solteras, viudos y divorciados, y en esto no basta con estar atentos en el templo. La influencia directa que podemos tener sobre los niños en esta etapa es limitada, pero la influencia que podemos tener sobre ellos a través de sus padres o de su círculo familiar íntimo es extremadamente poderosa.

6-10 LA NIÑEZ

Las estadísticas destacan que los niños que cuentan con un mayor número de adultos involucrados positivamente en sus vidas tienen mayores posibilidades de éxito en su adultez. En esta fase, los padres siguen siendo la principal influencia, pero las otras relaciones en el mundo de los niños comienzan tener un impacto cada vez mayor.

> LOS NIÑOS QUE CUENTAN CON UN MAYOR NÚMERO DE ADULTOS INVOLUCRADOS POSITIVAMENTE EN SUS VIDAS TIENEN MAYORES POSIBILIDADES DE ÉXITO EN SU ADULTEZ

Los niños necesitan relaciones estables para aprender a no descartar relaciones según las circunstancias. Un ejemplo son las cifras de diversos estudios que confirman que los niños que experimentan el divorcio de sus padres durante esta fase multiplican sus probabilidades de divorciarse cuando sean adultos.

Durante esta etapa las reglas comienzan a ser investigadas, y un sentido de justicia comienza a destacarse en sus razonamientos. Los regalos deben ser distribuidos de manera equitativa. Las reglas deben aplicarse a todos por igual. Si esto no funciona así en la escuela o la iglesia, ellos perderán la confianza en que la iglesia y la escuela sean lugares seguros donde quieran pasar su tiempo.

Las diferencias entre unas personas y otras comienzan a ser algo más que detalles. A partir de los 7 el mundo deja de solo tener sustantivos, y ahora tiene muchos adjetivos. Pobre, rico, lindo, feo, inteligente, tonto, alto, bajo, atlético, lento… comienzan a ser etiquetas.

Todavía no hay mucho espacio para indagar qué hay detrás de ellas, pero las diferencias comienzan a crear percepciones en la manera de tratar a unos y otros.

Un error muy usual en muchas congregaciones es pretender que la misma metodología de enseñanza o pedagogía que usamos con los adultos puede funcionar correctamente con los niños, solo cambiando las canciones, decorando del salón de clases con colores alegres, y modificando el «tono» que usamos al enseñar. Personalmente me he sorprendido al visitar algunas megaiglesias en los Estados Unidos donde las clases de niños son igualitas a las reuniones de adultos, solo que con esos «efectos especiales».

Los niños no son «miniadultos.»

Durante esta etapa los seres humanos tenemos la capacidad de retener información concreta como nunca más volveremos a tener, y por eso la niñez presenta una colosal oportunidad para enseñar la Biblia y algunas de las doctrinas fundamentales de la fe. El ministerio de niños no puede ser solamente un tiempo de cuidarlos mientras los padres asisten a las reuniones «en serio.» Como en la educación secular, también en la formación espiritual debe haber un programa de enseñanza con objetivos claros de aprendizaje, y un plan panorámico de lo que estamos enseñando.

Además, entre los 6 y los 9 años todos tenemos algo de científicos. Ansiamos descubrir cómo funcionan las cosas. Deseamos aprender, pero necesitamos repetición, y hacer una aplicación clara de lo que aprendemos, para conectarlo de manera efectiva con nuestros comportamientos.

David Kolb, un investigador educativo de gran influencia sobre las teorías de educación que forman a los maestros de escuelas primarias en los Estados Unidos propone un ciclo de aprendizaje de cuatro instancias para la enseñanza eficaz con niños[1].

---

1   *Experiential Learning: Experience as the Source of Learning and Development.* (Aprendizaje experimental: la experiencia como fuente del aprendizaje y el desarrollo). David Kolb. Englewood Cliffs. NJ: Prentice Hall, 1984.

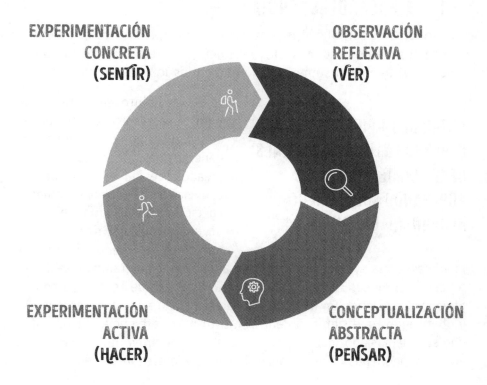

EXPERIMENTACIÓN CONCRETA (SENTIR)

OBSERVACIÓN REFLEXIVA (VER)

EXPERIMENTACIÓN ACTIVA (HACER)

CONCEPTUALIZACIÓN ABSTRACTA (PENSAR)

Para que los niños aprendan, no basta con que escuchen la información correcta. Ellos necesitan tocar, ver, cuestionar y sentir lo que les estamos planteando y luego vamos a ampliar esta propuesta al hablar de programas y relaciones.

Todos los padres del mundo están interesados en que sus hijos de estas edades aprendan la información correcta de matemáticas, lengua, historia, geografía y ciencias, y los padres cristianos deseamos que también aprendan sobre la Biblia. Pero lo que verdaderamente anhelamos todos los padres, cristianos o no, es que nuestros niños aprendan a ser responsables, trabajadores, sensibles, compasivos y disciplinados.

La iglesia, entonces, debe conectar en esta etapa las historias bíblicas con los principios de Dios para la vida, porque justamente son poderosos para desatar las mejores capacidades del comportamiento humano.

11-12 LA PREADOLESCENCIA

Las principales corporaciones detrás de la moda, los artículos electrónicos y los medios audiovisuales están muy interesadas en esta etapa de la vida... como si supieran algo que en las iglesias ignoramos.

ANTES DE LA PUBERTAD EL CEREBRO ENTRA EN UN FRENESÍ DE CRECIMIENTO MASIVO, AGREGANDO MILLONES DE NEURONAS ADICIONALES

En el ámbito de la filosofía y en el sector académico, donde les gusta poner nombre a las generaciones, se debate si la preadolescencia es una consecuencia de la posmodernidad. Lo cierto es que, aunque haya un efecto cultural o no, existe una etapa emergente, distinta a la adolescencia –ya que antecede a la pubertad– y que también se diferencia de la niñez. En inglés se conoce a los chicos de esta etapa como «tweens», haciendo un juego de palabras entre «teens» (adolescentes) y «between» (que significa «entre»). Esto hace referencia al hecho de que son demasiado maduros como para considerarlos niños, pero son aún muy pequeños como para ser llamados adolescentes.

Hoy sabemos, gracias a las tomografías, que justo antes de la pubertad el cerebro entra en un frenesí de crecimiento masivo, agregando millones de neuronas adicionales. El énfasis está en *agregando*, porque luego, al llegar la pubertad, el proceso se revierte y durante los dos a cuatro años siguientes, en la adolescencia, el cerebro se *reduce* en millones de neuronas. *¿Increíble cierto?*

Obviamente, este detalle no es un efecto de la posmodernidad, sino que evidencia que Dios tiene un plan especial con esta fase de la vida. Cuando las neuronas se agrupan, se las llama «vías neuronales», y se convierten en las superautopistas de la información que maneja el cerebro. Como ya señalamos, resulta notable la aceleración que manifiestan durante esta fase.

En algunas páginas más vamos ampliar que en la preadolescencia comienza el pensamiento abstracto. Los preadolescentes comienzan a pensar críticamente acerca de sí mismos. Cuando estaban iniciando la niñez, creían que eran buenísimos para lo que quisieran. Podían dibujar como Picasso y correr como Usain Bolt. Pero ahora comienzan a tener la sensación opuesta. Hay muy pocos preadolescentes que no duden de sí mismos. Se dan cuenta de que hay distintas perspectivas de la realidad, y al hacerlo pueden desilusionarse y sentirse confundidos. Descubren que hay cosmovisiones diferentes a la de su familia, y que los valores de su contexto no son los de todos... incluyendo a gente buena y a la que respetan. («*¿Cómo puede ser que gente buena puede pensar así?*», se preguntan.)

Desde la perspectiva de los padres y de la iglesia, es muy importante conocer las dos preguntas que encabezan toda la gran lista de preguntas que los preadolescentes se formulan durante esta etapa: «*¿A quién le gusto?*» y «*¿Quién me gusta?*».

Pero atención: Estas dos preguntas no son sinónimas de «*¿Quién me ama?*» y «*¿A quién amo?*». Sería sensacional que a esta altura ya supieran que son amados por Dios, por sus padres y por la iglesia. Pero ahora están en la búsqueda de algo más. Quieren «razones» que vayan más allá de, por ejemplo, «Mis padres me aman porque soy su hija».

En esta etapa necesitamos brindarles a nuestros preadolescentes afirmación pura, directa y continua.

13-18 LA ADOLESCENCIA

La pubertad marca el ingreso a la adolescencia. Del latín «*pubescere*», la palabra indica la aparición del vello púbico. Suena la alarma biológica, y despiertan los órganos genitales. Chicos y chicas, sorprendidos, se llenan de curiosidad por saber qué les está pasando.

Es un hecho biológico que la pubertad llega cada vez a edades más tempranas. Lo que documentos históricos señalan que hace siglos ocurría a los catorce o incluso dieciséis, hoy ocurre alrededor de los 12 años de edad y se instala a los 13. Claro que este evento varía de persona en persona, además de existir diferencias entre niñas y niños. Pero en ambos el cuerpo comienza a tomar formas adultas. En las niñas se ensanchan las caderas y en los varones los hombros, y aunque el vértice de la adolescencia pasa por el desarrollo sexual, también cambia la voz y, sobre todo, se crece en estatura a partir de elongaciones en el esqueleto (algo que a mí no me ocurrió demasiado).

Pero los cambios externos que ocurren en la adolescencia son iniciados por dentro, en el sistema endocrino. El proceso empieza cuando el hipotálamo, parte del cerebro, instruye a la glándula pituitaria para que active las glándulas suprarrenales y las gónadas (ovarios o testículos).

Las gónadas producen testosterona en los varones, y estrógeno y progesterona en las mujeres. Estos son los responsables de la diferenciación del sistema reproductivo y, en el caso del estrógeno y la progesterona, son responsables de regular el ciclo menstrual.

Desde la perspectiva de la familia y de la iglesia, esta es la etapa para encauzar ese afán de diferenciarse al tiempo que se siente la presión de no ser excluido. Los mejores líderes de adolescentes continuamente repiten la palabra «potencial», porque esta es la gran clave práctica para trabajar con adolescentes. Esta es la fase para desenvolver el regalo, destapar la botella, y comenzar a ofrecerle al mundo ese perfume que solamente un individuo puede ofrecer.

La gran pregunta de la adolescencia es: «*¿Quién soy?*». Luego vamos a analizarla en más detalle, y hay otras que también son importantes, como: «*¿A dónde pertenezco?*», «*¿Qué debería creer y por qué me cuesta tanto hacerlo?*», y «*¿Por qué importo?*».

Excelente lista de conceptos y preguntas y resalto un aspecto; distintas estadísticas sacan a la luz que solamente uno de siete estudiantes terminando el secundario se sienten preparados para la universidad.

> De acuerdo a lo que los adolescentes dicen, la mayoría siente que su preparación es deficiente de cara a tener éxito en la universidad y en la vida y este es un detalle para tomar nota mental dado que los estudios confirman que esa sensación cuenta en su desempeño en la universidad y aún en la vida. Este no es un detalle menor al considerar las transiciones como está proponiendo el libro y acompañarlos correctamente a la siguiente etapa.
>
> *- Kara*

19- 25 LA JUVENTUD

Esta es la etapa que se imaginaron y soñaron desde su preadolescencia, solo que ahora ya no se trata de imaginarla sino de vivirla. Y, sobre todo, de *decidir*. Todo pasa ahora por las decisiones personales. Vocación, sexualidad, pareja, economía, y fe, de repente comienzan a ser fuerzas que compiten entre sí.

Con los 18 llegó la independencia y también llegaron las obligaciones adultas, y aunque todavía quieran ser adolescentes, en la iglesia debemos aprender a acompañarlos con sabiduría. La iglesia no puede tratarlos como adolescentes, ni esperar que se comprometan como cuando iban a la escuela secundaria y estaban protegidos por la ley como menores de edad.

Ahora bien, durante cientos de años se pensó que los cerebros estaban totalmente formados desde la niñez (desde alrededor de los 6 años, para ser exactos, según muchos científicos de antaño). Luego de esto solo quedaba aprender contenidos, crecer un poco en tamaño, y ciertamente también en velocidad, funcionalidad e inteligencia emocional. Pero básicamente estábamos convencidos de que ya estaba todo allí, y solo tenía que crecer. No sospechábamos que estábamos equivocados...

Cuando las resonancias magnéticas y el diagnóstico por imágenes le permitieron a la medicina ver la actividad del cerebro en tiempo real, resultó un gran shock el descubrir que los cerebros no están totalmente formados sino hasta alrededor de los... ¡25 años! Antes de esa edad, hay partes vitales del cerebro que están literalmente ausentes, y hay otras que están todavía en desarrollo.

LOS CEREBROS NO ESTÁN TOTALMENTE FORMADOS SINO HASTA ALREDEDOR DE LOS... ¡25 AÑOS!

Cuando en nuestro ministerio comenzamos a hablar de estos hallazgos y luego, liderazgo generacional, y a compartir que debíamos «graduar» a los jóvenes hacia la adultez, y decidimos estratégicamente trabajar con niños de 6 hasta jóvenes de 25, excluyendo a los que pasaban esa edad... se generó un fuerte punto de discusión, incluso dentro de mi equipo. *¿No es cierto que en toda Hispanoamérica, cuando en la iglesia decimos «jóvenes», pensamos en todos los solteros sin límite de edad?* Sí. Pero eso no significa que sea lo correcto.

¿POR QUÉ ENTONCES SER CÓMPLICES DE LA ADOLENTIZACIÓN DE LA CULTURA, Y DE LA INMADUREZ DE MUCHOS?

Si para nuestros cerebros, y aun para nuestro sistema endocrino, llegamos a la adultez a los 25 años de edad, entonces estos detalles asientan la pauta de que este es el diseño de Dios. Si la fabulosa biología diseñada por Dios indica que a los 25 se desaceleran los cambios hormonales y celulares, e incluso nuestros cerebros llegan a su pico de formación y comienza una desaceleración del aprendizaje, aunque el cerebro haya llegado a su maduración biológica, *¿por qué entonces ser cómplices de la adolentización de la cultura, y de la inmadurez de muchos que prefieren vivir hasta muy pasados los 30 con el síndrome de Peter Pan?*

Además, piensa con cuidado. *¿Por qué decir que la juventud termina a los 25 puede sonar a mala noticia en algunos ámbitos?*

¿De dónde sacamos esa idea?

Fue la sociedad de consumo que en las últimas décadas se encaprichó en dar a entender que debemos vernos como adolescentes, aunque eso demande una ascendente cantidad de cirugías.

Los jóvenes son gregarios, prefieren la intimidad, las conversaciones, y necesitan más espacio. Llegar a esa etapa no debe ser visto como una mala noticia y menos que menos terminarla. Nuestras iglesias deben ser un trampolín que lance a las nuevas generaciones hacia una adultez madura. Te insisto. *¿Por qué va a ser una mala noticia llegar a otra etapa diseñada por Dios, y sobre todo justamente a la fase en la que se asienta la madurez y podemos dejar un legado?*

> **NUESTRAS IGLESIAS DEBEN SER UN TRAMPOLÍN QUE LANCE A LAS NUEVAS GENERACIONES HACIA UNA ADULTEZ MADURA**

Lo que sucede es que inconscientemente le dijimos amén a la mentira de la sociedad de consumo. El ideal no es tener por siempre un cuerpo adolescente, usar sus modas, y vivir eternamente al estilo de las estrellas de rock. Si ser adultos es el plan de Dios, ¡entonces ser adultos es maravilloso!

Los jóvenes de 19 a 25 están tomando durante estos años las decisiones que más condicionarán el resto de sus vidas. Necesitan dejar la adolescencia y encaminarse hacia una adultez plena.

Una estadística alarmante indica que solo el 20% de los estudiantes universitarios que abandonan la fe afirman que sospecharon que lo harían durante la escuela secundaria. El otro 80 % confiesa que durante la escuela secundaria estaban seguros de que mantendrían su fe para siempre solo que en la universidad la perdieron porque en esta etapa se sintieron abandonados por sus iglesias.

- Kara

LOS 5 CARRILES DEL DESARROLLO

Durante todo este camino hacia la adultez, los seres humanos comenzamos a definir una identidad única e independiente de nuestros padres. La identidad se convierte en el gran objetivo del desarrollo, y se va manifestando de manera visible en el cuerpo y también en las emociones, en el ámbito social, en el intelecto y en el ámbito espiritual.

Interpretar correctamente qué les sucede por dentro a las nuevas generaciones es fundamental para hacer un discipulado inteligente. Por eso insistimos en preguntar:

¿Qué está sucediendo en sus cerebros de acuerdo a su desarrollo?

¿Por qué manifiestan sus emociones de esa manera?

¿Están listos para experimentar realmente a Dios en la etapa en la que se encuentran? ¿Y cuál es la mejor manera de ayudarlos a hacerlo?

INTERPRETAR CORRECTAMENTE QUÉ LES SUCEDE POR DENTRO A LAS NUEVAS GENERACIONES ES FUNDAMENTAL PARA HACER UN DISCIPULADO INTELIGENTE

Solemos catalogarnos unos a otros por lo que sucede a la vista de todos, pero entender el interior de las personas es el secreto de los sabios.

Si se portan bien o no en las reuniones, cómo se visten, qué palabras usan y a dónde les gusta salir de noche en el caso de los más grandes, suele gastar horas de teléfono y conversaciones de adultos, desplazando las cuestiones interiores que son las más importantes, y las que en realidad producen que ellos hagan lo que hacen.

Los mejores líderes entienden que el proceso de maduración es integral y la carrera hacia la adultez se corre por los 5 carriles del desarrollo:

* Físico
* Intelectual
* Emocional
* Social
* Espiritual

ENTENDER EL INTERIOR DE LAS PERSONAS ES EL SECRETO DE LOS SABIOS

En cada uno de estos carriles hay factores propios de la etapa que son valiosísimos secretos para nuestro trabajo.

FÍSICO

Los viejos ascetas griegos estaban equivocados. Dios creó el cuerpo humano. Y si lo creó Dios, entonces el cuerpo humano no es esencialmente malo y contrario a la espiritualidad.

> *Cierto, Lucas. Y además no debemos olvidar la encarnación de Jesús. Dios, al tomar forma humana y ser como uno de nosotros, honró nuestro cuerpo y nos mostró que no hay nada de malo en él. La encarnación de Jesús siempre ha sido escandalosa, incluso para algunos de los primeros cristianos. Los docetistas, en fecha tan temprana como finales del siglo I, negaban que el cuerpo de Jesús fuera real, porque en su mente no cabía la idea de que Dios tomara un cuerpo humano, ya que ellos lo consideraban algo malo per se.*
>
> *- Félix*

Que el objetivo de este libro sea la formación espiritual de las nuevas generaciones no quiere decir que entender los cambios en el cuerpo deje de ser importante. El cuerpo es la parte siempre visible de quienes somos, y las alteraciones que se van atravesando en cada etapa son parte de una batalla con consecuencias extraordinarias. A la sanidad del cuerpo se le agrega la dimisión estética y, en una cultura tan exigente con el cuerpo como la sociedad occidental de hoy, lo que sucede en el cuerpo incide sobre los estados de ánimo, las valoraciones de la identidad, y la confianza.

En su libro «*Developmental Psychology*» (Psicología del desarrollo), el distinguido profesor de piscología David R. Shaffer afirma: «Muchos factores afectan el crecimiento y el desarrollo físico. Entre los contribuyentes biológicos, el genotipo, la maduración y las hormonas. Pero también una adecuada nutrición, buena salud, y estar librados de traumas emocionales prolongados son necesarios para asegurar normal crecimiento y desarrollo.»

También el ambiente y las circunstancias afectan el desarrollo físico. La nutrición sana no es un detalle menor, y la familia cristiana y la iglesia deben estar atentas a esta dimensión para que se den una salud y una maduración integrales.

INTELECTUAL

Algunos denominan a este carril «el área cognitiva», y todo a lo largo de este libro verás que hago referencia a la importancia de entender los procesos de maduración por los que pasa el cerebro, porque es allí donde se decide lo que creemos y lo que hacemos.

El cerebro es el músculo más poderoso de una persona. Es el órgano sexual más sensible, la verdadera fuente de la creatividad e incluso, el ámbito del «corazón» porque cuando hablamos de emociones no hablamos del aparato que bombea sangre por las venas.

Los niños intelectualmente sanos harán muchas preguntas.

Los preadolescentes intelectualmente sanos insistirán con saber qué relación tienen las cosas con ellos.

Los adolescentes intelectualmente sanos se mostrarán abiertos a nuevas ideas. La posibilidad de reflexionar en abstracto, sumada al hecho de no tener aun fuertes juicios basados en la experiencia, dan como resultado la fórmula justa para una edad de aventura intelectual. Por eso los adolescentes aman soñar y son, a la vez, tan criticones.

Los jóvenes intelectualmente sanos desearán actuar por convicciones personales. La autonomía de opiniones es en esta etapa más urgente que nunca para llegar a una adultez madura.

EL CEREBRO ES EL MÚSCULO MÁS PODEROSO DE UNA PERSONA

Y todas las nuevas generaciones tienen mucho respeto por la verdad. Cuando los sabemos motivar, la búsqueda de la misma puede ser fascinante. Adquirir conocimientos, elaborar juicios de valor, la formación de conductas morales y la evaluación ética, son todos aspectos fundamentales del desarrollo intelectual.

> *Es interesante que muchos expertos en la educación de las nuevas generaciones afirmen que deberíamos hacerles a los niños y jóvenes más preguntas y no darles tantas respuestas a preguntas que ellos no se hacen. Vale la pena leer lo que Prensky y Vella escriben respecto de este tema.*
>
> **- Félix**

EMOCIONAL

Alguien inmaduro vive intentando probar si tiene valor, y sufre a menudo cambios extremos en sus sentimientos.

Según la etapa en que se encuentre el individuo, esa «prueba» se hace con rabietas, empujando límites, con respuestas cortantes, o con picos de adrenalina o de depresión. Partiendo de una dependencia pura de las emociones cuando somos bebés, deberíamos ir conectando nuestros sentimientos al conocimiento, a las experiencias, y a un mayor uso de la razón ante los distintos estímulos a medida que transcurre el tiempo.

En el universo interior de las nuevas generaciones, distintas necesidades emocionales cobran el status de urgentes según las fases, y por eso diversos sentimientos están a flor de piel. Algunos maestros a veces perdemos de vista que, aunque los adolescentes vayan teniendo cuerpos de adultos, emocionalmente aún no lo son. Un ejemplo es cuando termina un campamento y están en el cielo, pero al siguiente fin de semana están enamorados de la persona equivocada. Sus emociones pueden ser muy extremas, y por eso no podemos dar por sentado que están en la gloria cuando tienen la información correcta o cuando se emocionan con estímulos espirituales, ni creer que están en un pozo del que no se puede salir si luego de hacer lo que consideramos un logro, tienen un gran tropiezo.

Aceptación, regulación, y estabilidad, son los objetivos a lograr en el desarrollo emocional; porque los sentimientos siempre van a estar ahí, ya que también son parte de la ingeniería de Dios.

SOCIAL

Tenemos un chip de relaciones en cada uno de nosotros, y es a través de nuestra interacción con las demás personas que vamos interpretando nuestra propia identidad, vocación y destino.

Los «amigos de la vida» no son un detalle menor en la formación espiritual de las personas, y los mejores padres, maestros, líderes y pastores son intencionales en facilitar y promover la clase de relaciones positivas que las nuevas generaciones necesitan.

La niñez es una etapa de protección, donde el contacto social está delimitado –aunque sea de manera inconsciente– por la voluntad de los padres, mientras que en la adolescencia la familia va cediendo el protagonismo a otros vínculos y espacios en los que las nuevas generaciones se desenvuelven. En estos nuevos medios se dan nuevas preguntas, y también se ensayan distintos roles para ir construyendo el lugar de cada uno.

Por el carril social se corre la carrera de la convivencia y de la adaptación. Las preguntas principales son: «*¿Quién soy?*», «*¿Me veo bien?*», «*¿Quién quiero ser?*» y «*¿Qué piensan los demás de mí?*». Estas son las cuestiones en juego detrás de las relaciones y de los grupos que se forman. La aceptación de los compañeros es la parte obvia de la película, y hasta puede ser de gran beneficio para el desarrollo, aunque mucho de lo que trae consigo sea fuente de molestia y ansiedad para los adultos. La realidad es que la aceptación y el reconocimiento por parte de un grupo proporcionan apoyo aún individuo en crecimiento que aún se siente poco confiado como para desenvolverse con adultez

Incluso los conflictos con compañeros de la niñez o la adolescencia son una gran oportunidad para madurar, porque llegada la adultez a todos nos va a tocar trabajar con personas difíciles o en situaciones en las que no estamos de acuerdo con otros.

> **AUN EL NIÑO O EL ADOLESCENTE DE LA FAMILIA MÁS AGNÓSTICA O ANTIRRELIGIOSA SE HACE PREGUNTAS ACERCA DE SU TRASCENDENCIA**

Los pastores, padres, y líderes cristianos debemos entonces saber que la manera en que las nuevas generaciones aprendan a relacionarse durante cada etapa determinará mecanismos en su conducta, en sus respuestas emocionales y en su confianza para empezar nuevas relaciones y sostenerlas o cambiarlas cuando sean adultos. Este no es, y no puede ser, un detalle superfluo en nuestra tarea de discipulado.

ESPIRITUAL

Identidad y propósito crean una ecuación sin resultado si no se responde al área espiritual. Cristianos o ateos, todos los seres humanos tenemos un área espiritual diseñada por Dios. Aun el niño o el adolescente de la familia más agnóstica o antirreligiosa se hace preguntas acerca de su trascendencia. En algún momento estarán en sus camas mirando el techo y preguntándose si en verdad no habrá alguien más allá...

Identidad, libertad, y verdad son tres palabras claves para las nuevas generaciones. Y también para la Biblia. Cuando Jesús les dijo a algunos judíos: *«Si se mantienen fieles a mis enseñanzas, serán*

CUANDO LAS NUEVAS GENERACIONES SE DESARROLLAN ESPIRITUALMENTE TIENEN MÁS POSIBILIDADES DE SER SANOS EMOCIONALMENTE

realmente mis discípulos; y conocerán la verdad, y la verdad los hará libres» (Juan 8:31-32), estaba ligando estas búsquedas propias de alguien camino a la madurez. La verdad de la nueva identidad en Cristo que obtiene el cristiano nacido de nuevo, lo libera de las ataduras que niegan la vida espiritual, y le abre la posibilidad de desarrollarse también en esta dimensión.

La búsqueda de la verdad no es otra cosa que una búsqueda de Dios, porque Él es la Verdad (Juan 14:6), la búsqueda de libertad también no es otra cosa que una búsqueda de Dios, porque Él es el Señor (Filipenses 2:11) y la búsqueda de identidad no es otra cosa que una búsqueda de Dios, porque Él es el Creador (Isaías 42:5).

> *La transición de la adolescencia a la juventud es también la transición de la fe afiliativa a la fe personal. La primera es la fe del grupo, y los padres están felices porque sus hijos acostumbran a estar fuertemente involucrados en el grupo de la iglesia. Cuantas más actividades hagan, más satisfechos se sienten los papás. Pero la fe afiliativa no es válida para la vida adulta. Los jóvenes han de decidir qué papel desean que la fe juegue en su proyecto vital. Y los padres y la iglesia son piezas fundamentales para una transición exitosa entre una etapa y otra.*
>
> *- Félix*

UN ACERCAMIENTO COMPLETO

El desarrollo de cada área estimula el desarrollo de las demás. Cuando las nuevas generaciones se desarrollan espiritualmente tienen más posibilidades de ser sanos emocionalmente, de ser agentes positivos en la convivencia social, de sentirse seguros en el desarrollo de su intelecto, y también de encontrar el equilibro orgánico con mayor facilidad.

La visión de liderazgo generacional propone un abordaje holístico o completo no solo porque contempla más allá de la dimensión espiritual sin aislarla de los otros carriles del desarrollo, sino también porque respeta las distintas fases madurativas del diseño de Dios y sus componentes psicosociales para hacer un trabajo pastoral más preciso que optimice los resultados que deseamos y podemos obtener.

Capítulo 6

EL LIDERAZGO SITUACIONAL

«El verdadero liderazgo empieza en el amor.»
Glenn C. Stewart

El liderazgo es fácil hasta que incluye personas.

Las interrelaciones siempre fueron complejas, pero la velocidad a la que cambian hoy las conexiones, el caudal de información al que accedemos desde niños, y la «glamourización» por parte de los medios de ciertas conductas peligrosas, hacen que liderar a las nuevas generaciones se convierta en un verdadero desafío.

En las principales universidades de Europa se ha instalado el hablar de un mundo «VUCA», término generado por la academia militar de los Estados Unidos conocida como West Point. Estas siglas en inglés indican que vivimos rodeados de un gran índice de volatilidad, incertidumbre, complejidad y ambigüedad.

Justamente «Liderazgo en un mundo VUCA» es una de las materias que imparto en la Universidad. La capacidad de desaprender para volver a aprender, la flexibilidad, la agilidad, y capacidad para adaptarse a un entorno cambiante son competencias esenciales que todo líder debería cultivar y desarrollar de forma intencional. Y eso, naturalmente, nos incluye también a nosotros, los líderes cristianos.

- Félix

¡Pero hay buenas noticias escondidas en los desafíos! Aunque traten de hacernos creer que no, como preadolescentes que no quieren que descubramos que están enamoradas, las nuevas generaciones *desean* ser lideradas. Desean un liderazgo transparente, cercano, menos dogmático y más relacional, donde haya visiones compartidas y agilidad en la comunicación.

LOS LÍDERES DEBEMOS PREGUNTARNOS SI LO QUE HACEMOS SIGUE MANTENIENDO SU SENTIDO EN UN ENTORNO QUE CAMBIA CON RAPIDEZ

Los niños admiran a los preadolescentes, y ellos a los adolescentes, mientras estos miran con ojos de envidia a los universitarios. Esta memoria instintiva fue diseñada por Dios y en la iglesia y en la familia debemos aprender a gestionar con astucia las posibilidades que esta realidad presenta, y aquí radica también la belleza de la visión del liderazgo generacional.

El respetado Peter Drucker ya decía hace varias décadas que: «Una organización debe desafiar periódicamente cada producto, servicio, política y canal de distribución; para evitar ser rehenes de las circunstancias». Si esta afirmación era cierta hace más de treinta años, ahora es incluso más urgente. Los líderes debemos preguntarnos si lo que hacemos sigue manteniendo su sentido en un entorno que cambia con rapidez. La inercia es tan peligrosa que puede matarnos.

Ahora bien, si ya tenemos claro que la gran meta de la formación espiritual de las nuevas generaciones puede ser resumida en acompañar a cada niño, preadolescente, adolescente y joven hacia la madurez en Cristo (Colosenses 1:28), el próximo paso es discernir cómo liderarlos teniendo en cuenta sus distintas fases de madurez, ya que obviamente la manera de atraer, de involucrar y de movilizar a una niña o un adolescente no será igual aunque a los 7, a los 12, o a los 23 se puedan tener intereses comunes y se necesiten relaciones intergeneracionales.

Llegó la hora de empezar a comprender que hay diversos estilos de liderazgo, y que no necesariamente uno es mejor que otro, sino que los estilos adecuados dependen de un contexto. Las circunstancias condicionan cuál será el mejor estilo.

¿Te sorprende mi afirmación? Pues yo me he sorprendido de cuán anclada está en nuestras iglesias la idea de que hay un solo «superestilo» de liderazgo efectivo, y es por eso que en este capítulo quiero que juntos quebremos la leyenda.

LOS NIVELES DE PREDISPOSICIÓN

Empecemos por analizar los estilos de liderazgo a la luz de la madurez de aquellos a quienes lideramos. Para esto, te invito a que llamemos al nivel de madurez «nivel de predisposición».

No se puede esperar que un niño se exprese como un adulto, ni pretender lograr un resultado óptimo al intentar influenciarlo con las mismas tácticas con que influenciamos a un universitario. Tres autores grandemente reconocidos dentro del ambiente de la administración de empresas, Hersey, Blanchard y Johnson, definieron la predisposición como «la medida en que un seguidor demuestra la habilidad y el deseo de cumplir una tarea específica.»[1]

En un sentido amplio, la tarea deseada en el caso de la formación espiritual puede ser identificada como la asimilación de los propósitos que describimos en el capítulo 4, como hábitos de vida. Pero en este capítulo quiero ya entrar también en el terreno de los programas de la iglesia.

Según el modelo de estos autores, los componentes principales de la predisposición son la habilidad y la disposición, y llevando sus análisis a lo que estamos conversando aquí, pongamos también a la madurez en el cuadro.

Te pido que me tengas paciencia ahora, ya que aquí vamos a ser un poco técnicos, pero realmente quiero compartirte estos esquemas porque

---

1   *Management of Organizational Behavior - Leading Human Resources.* 9th ed. Hersey, Blanchard y Johnson. Upper Saddle River, NJ: Pearson Prentice Hall; (2008).

ayudan a completar el diagrama que describimos en la visión estratégica del capítulo 3. Te prometo que siguiéndolos con precisión vas a encontrar que estas ideas pueden tener un impacto poderoso en tu tarea.

NIVELES DE PREDISPOSICIÓN A LA PARTICIPACIÓN

Nivel de predisposición

P1 Bajo	**P2** Moderado	**P3** Cambiante	**P4** Alto
No dispuesto	Dispuesto	No Dispuesto	Dispuesto
No hábil	No hábil	Hábil	Hábil
Niños	Preadolescentes	Adolescentes	Jóvenes

PREDISPOSICIÓN 1: NIÑOS

Debemos convencer a los niños de que Jesús es billones de veces mejor que nadie o nada en el universo. Ellos pueden aprender historias acerca del carácter de Cristo, conductas óptimas y no deseables, y la importancia de las prioridades cristianas, aunque en contraste con los propósitos que evidencian la madurez espiritual tengan mucha dificultad en terminar de abrazar el corazón de los propósitos como hábitos del alma y como motor interno de sus conductas. Y está bien así. Aquí el nivel de disposición no se debe confundir con repetir conductas, porque la mayoría de los niños en esta fase no tiene problema en imitar lo que ven. La disposición a la que hacemos referencia es una realidad interna hacia el corazón de lo que les enseñamos.

DEBEMOS CONVENCER A LOS NIÑOS DE QUE JESÚS ES BILLONES DE VECES MEJOR QUE NADIE O NADA EN EL UNIVERSO

PREDISPOSICIÓN 2: PREADOLESCENTES

Ahora hay un interés más personal. No solo en la conducta sino en el «por qué» de la conducta. Las tareas específicas y creativas comienzan a generar mayor disposición, sobre todo en los que reciben una afirmación positiva de sus líderes. En cuanto a habilidad, en términos generales –aunque pueden darnos algunas sorpresas– todavía no estarán lo suficientemente experimentados como para desarrollar alguna tarea esperada que requiera iniciativa individual.

PREDISPOSICIÓN 3: ADOLESCENTES

Los adolescentes ya pueden considerarse hábiles para comenzar a evidenciar los propósitos en iniciativas propias. Han acumulado suficiente experiencia y ya pueden visualizar las tareas externas con una conexión interna en forma clara e individual. Lo curioso de esta etapa es que suele bajar su nivel de disposición, y esto por dos razones: por un lado, ahora dependen muchísimo de su grupo de pares, y por el otro, ahora son ellos los que empiezan a estar a cargo de las tareas, y ahora sí se espera que las ejecuten bien.

Desde la perspectiva de la iglesia, a esta edad dejamos de ser receptores para convertirnos en creadores de los procesos, y comenzamos a demandar protagonismo. Su mayor cercanía con los líderes les brinda a los adolescentes la oportunidad de ser los nuevos encargados de alcanzar los propósitos y ejecutar las tareas. Claro que, al estar todavía inmaduros en lo que hace a la resolución de sus necesidades fundamentales, los adolescentes suelen encontrar dificultades en sus relaciones interpersonales. Asomarán los enamoramientos platónicos y las crisis familiares relacionadas a con límites, y eso los interrumpirá a la hora de ganarse la confianza para ganar más responsabilidades.

PREDISPOSICIÓN 4: JÓVENES

Los propósitos ya pueden y deben desarrollarse y evidenciarse de manera autónoma. Los jóvenes toman decisiones ejecutivas con normalidad, y pueden estar pendientes de la productividad del ministerio si son lo suficientemente estimulados. (Se requiere adultez para permanecer productivos sin estímulos externos continuos). Se hacen cargo de las tareas por reconocimiento del grupo, o se excluyen a sí mismos de la iglesia porque ahora tienen una agenda personal que no depende de sus padres.

Desde la dimensión de la iglesia, pueden tener disposición si encuentran sus intereses personales atendidos, si tienen la habilidad, y si sus necesidades fundamentales están lo suficientemente resueltas como para ir concentrándose en la productividad.

En resumen:

P1. Demanda un fuerte trabajo relacional y una pedagogía lo suficientemente concreta que aproveche la alta retención de datos que hay en esta etapa. Necesita **ver**.

P2. Demanda involucramiento y necesita saber qué hay detrás de la información. Necesita **entender**.

P3. Demanda protagonismo y una expresión externa y energizada de los compromisos internos. Necesita **creer**.

P4. Demanda libertad. Es capaz de asimilar los propósitos sin un fuerte comportamiento relacional de parte de los líderes y sin depender de la atracción del programa. Necesita **confianza**.

ESTILOS DE LIDERAZGO

Me gusta explorar los libros clásicos que hicieron de base a teorías que luego encuentran nuevos vocabularios, libros que, al fin al cabo, son los fundamentos de lo que viene después. Así es el caso de Robert R. Blake y Jane Mouton, y su libro titulado «The Managerial Grid» (La cuadrícula administrativa) que influenció a las escuelas clásicas de administración e hizo de base a la revolución mercadológica y relacionada con el liderazgo, que vino luego. En este libro, Blake y Mouton propusieron un estilo ideal de liderazgo, lo cual terminó de cementar el viejo mito de que había un superestilo a la hora de liderar. Según su cuadrícula, hay dos variables fundamentales en la ejecución de la influencia:

1. Interés por la producción
2. Interés por las personas

Recordemos el diagrama que describimos en el capítulo 3. Estas variables cumplen la misma función que las constantes de relaciones y programas, y por eso es importante detenernos en lo que ellos dijeron. La tesis de Blake y Mouton es que el nivel de resultados de una organización depende de que los líderes pongan un alto interés en relaciones cercanas y un alto interés en la producción (o en las actividades y programas). Suena bien, *¿cierto?*

A simple vista pareciera que sí, y claramente su propuesta es la premisa estandarizada acerca del liderazgo en la mayoría de las iglesias de occidente, ya que es la posición tradicional de aquellos que han estado involucrados en el entrenamiento de líderes cristianos. Pero Blake y Mouton se olvidaron de analizar la variable de la madurez de los liderados, o el impacto del liderazgo de escala cuando se trabaja en organizaciones que sea han multiplicado en muchas personas.

Por eso es tan vital lo que añadieron los autores Hersey, Blanchard y Johnson, que mencionamos antes. Estudiar sus ideas amplió mi panorama. Estos autores propusieron que no hay un estilo ideal para conseguir el desempeño deseado. Lo que hay es distintos estilos que son productivos en situaciones diferentes. En otras palabras, el mejor liderazgo es el que **«aprende»** a adaptar su estilo a distintas situaciones.

Hersey, Blanchard y Johnson identifican cuatro estilos de liderazgo:

- **Estilo 1** - Liderazgo altamente directivo. (**E1**)
  Alguien que ordena.
  Pone mucho énfasis en los programas, actividades y resultados.
  Las relaciones cercanas no son su prioridad.
  Toma la mayoría de las decisiones.
  Da instrucciones precisas.

Alta supervisión de los resultados.

Establece metas para toda la organización.

Define los roles de los demás.

- **Estilo 2** - Liderazgo altamente directivo a la vez que altamente relacional. **(E2)**
  Se lo percibe como alguien que inspira y persuade.
  Mucho énfasis en los programas, actividades y resultados.
  Mucho cuidado en las relaciones cercanas.
  Persuade a los demás a seguir sus decisiones.
  Da instrucciones abiertas dando la posibilidad a los seguidores a sumar su criterio.
  Inspira a los demás a seguir sus propias metas.
  Explica los roles de los demás señalando su importancia.

- **Estilo 3** – Liderazgo altamente relacional. **(E3)**
  Da la prioridad a las relaciones y pone los programas y actividades en un segundo plano.
  Se lo percibe como alguien que comparte.
  Bajo desempeño en los programas, actividades y resultados.
  Mucho cuidado en la armonía de un grupo.
  Se esfuerza por conseguir consenso en las decisiones.
  Toma decisiones en conjunto.
  Llega a un acuerdo en cuanto a las instrucciones.
  Pregunta a los demás cuáles son sus metas.
  Los dirigidos establecen sus propios roles.

- **Estilo 4** - Liderazgo mínimamente directivo y relacional. **(E4)**
  En su faceta positiva se lo percibe como alguien que delega y deja ser y hacer.
  Baja participación en los programas y actividades.
  Poca inversión en las relaciones cercanas.

Deja que todos tomen sus propias decisiones.
Se limita a indicar el resultado final esperado.
Los dirigidos establecen sus propios roles

Quizás esta imagen te ayude a entenderlo mejor.

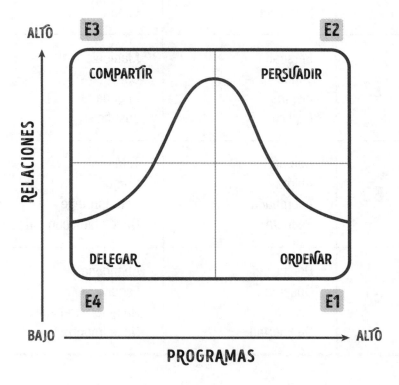

ESTILOS, RELACIONES Y PROGRAMAS

La gran idea que surge de estos conceptos es que hay distintos estilos que pueden ser efectivos según las distintas edades y las distintas situaciones ministeriales. Los líderes efectivos tienen lo que en algunos deportes se llama «cintura», y pueden cambiar de jugada mientras corren en dirección a la anotación. Cada estilo puede ser bien o mal empleado según las necesidades situacionales requieran ordenar, persuadir, compartir o delegar, tal como lo muestra el siguiente cuadro:

	POSITIVO	NEGATIVO
E1	Define Guía Dirige Establece	Demanda Controla Ataca Limita
E2	Persuade Vende Inspira Explica	Manipula Usa Engaña Justifica
E3	Comparte Anima Acompaña Respeta	Teme Compra Sobreprotege Queda bien con todos
E4	Delega Observa Asigna Da libertad	Abandona Esquiva No quiere trabajar No le importa

He tenido el privilegio de trabajar con una cantidad exagerada de líderes de distintos estilos en diferentes contextos, y mi experiencia confirma la premisa del liderazgo situacional: **no hay una sola manera de liderar bien**.

No hay un solo molde.

No existe el superestilo.

No hay una receta que funcione siempre.

Los líderes generacionales eficaces no son todos varones atléticos que tocan la guitarra. Las mejores maestras de niños y preadolescentes no son todas simpaticonas y con voz aguda. Los mejores pastores no son todos directivos ultraeficientes que lideran una congregación como si fuera una multinacional.

LA VISIÓN GENERACIONAL, LOS ESTILOS Y EL NIVEL DE PREDISPOSICIÓN

Vamos a nuestro diagrama original y veamos cómo todo esto juega en equipo. La siguiente figura representa el movimiento de los distintos estilos en relación a las constantes del ministerio y los niveles de predisposición.

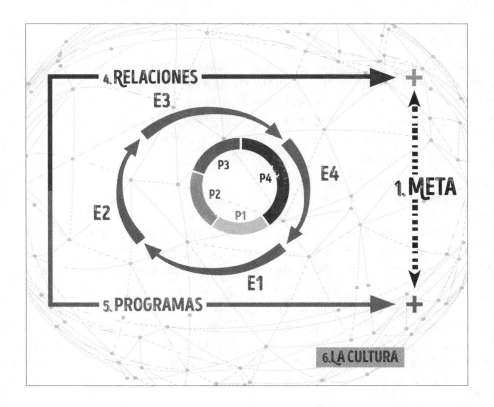

E 1

Es el estilo ideal para comandar las acciones necesarias que faciliten los objetivos prácticos. Los líderes utilizando este estilo ponen mucho énfasis en el programa y los objetivos medibles. Respecto a las nuevas generaciones, este estilo suele funcionar mejor cuando los seguidores son **P1**. Para los P1 la creatividad y la estructura del programa son fundamentales. Siempre hay niños afectivos que necesitan la conexión emocional pero no están demandando un mentoreo cercano para sumarse al programa de la iglesia. P1 necesita la iniciativa, dirección, parámetros y límites de sus líderes. E1 también funciona muy bien cuando hay que generar un plan estratégico. Por ejemplo, en la fundación de una organización o el comienzo de un nuevo ministerio o actividad compleja. E1 es el liderazgo que consigue resultados externos con mayor facilidad.

E 2

Son los grandes motivadores. Es ideal para un preadolescente **P2** con la disposición de participar, pero sin la habilidad y la madurez para desempeñarse de manera autónoma en el nivel ideal. E2 es excelente para llevar a los miembros de un ministerio a un nivel superior de madurez, porque sabe hacerlo siendo altamente programático y altamente relacional.

E 3

Son los democráticos. Consenso y equilibro son dos palabras importantes para ellos. Este estilo no se deja fascinar por lo «mega» sino que su énfasis está en las relaciones. Si bien no siempre son los más populares en la Iglesia en general, es fácil ver a la líder E3 diciendo que para ella los números no son lo importante, o escucharlo a él convencido de que el suyo es el verdadero liderazgo espiritual. Aunque parezca contraintuitivo, E3 es ideal para adolescentes **P3**. Miembros que tienen la habilidad para ejecutar pero que necesitan un fuerte respaldo emocional para largarse. Los P3 necesitan sentirse respetados para poder ejecutar al nivel de su habilidad, y este estilo de liderazgo les da la compañía necesaria. Claro, siempre recordando que lo importante es el crecimiento de esos adolescentes más que las luces del congreso multitudinario.

E 4

Es el estilo que suele funcionar mejor con los **P4**. Los jóvenes P4 tuvieron suficiente oportunidad de práctica, se sienten seguros en poder alcanzar los resultados y tienen la madurez necesaria para funcionar de manera autónoma. No hace falta que el líder les diga todo lo que tienen que hacer, ni que les venda o los persuada en torno a los propósitos. Tampoco necesitan consensuar todo con él o ella respecto de los procedimientos. Los P4 son los nuevos líderes dentro de la organización sana, y son ellos mismos los que trabajan las relaciones y los programas en torno a los propósitos. Cuando E4 funciona bien, delega sin abandonar, y da mayor libertad para que los jóvenes les den forma a las estrategias. Aunque a simple vista puede llegar a parecer que ha perdido las riendas, su impacto es poderoso al ejercer el ministerio de «estar presente», legitimando lo que hacen sus liderados.

> LAS NUEVAS GENERACIONES NECESITAN LÍDERES QUE DISCIERNAN SUS ESTILOS DE APRENDIZAJE

Las nuevas generaciones necesitan líderes que disciernan sus necesidades, sus estilos de aprendizaje y que sepan alternar estilos de liderazgo según las circunstancias.

Tenemos que dejar atrás las leyendas machistas de que siempre necesitamos un súper general directivo para que las cosas funcionen, o que el ministerio más espiritual lo hace el que pasa más tiempo con la gente sin prestar atención a los programas.

> *Me fascina todo este capítulo y me dio risa pensar en que también po-*
> *demos agregar las diferencias que tenemos los hombres y las mujeres*
> *al liderar. Por ejemplo, cuando los hombres están molestos con una*
> *situación en el ministerio tienden a evadir o retirarse. Suelen buscar*
> *tiempo a solas, salen a caminar, a manejar o a correr. Es su cueva.*
> *Las mujeres, por el contrario, necesitamos hablar, compartir, sentirnos*
> *entendidas y hablar un poco más. Esto es parte de cómo estamos ca-*
> *bleados hombres y mujeres y sería muy ingenuo creer que una de estas*
> *tendencias es mejor o peor que la otra.*
>
> *- **Kara***

Los líderes sobresalientes que necesitamos con urgencia son personas todo terreno, que aprenden a adaptarse a distintas circunstancias y varían sus estilos de liderazgo de acuerdo a la situación, porque están enfocados en la meta y aman a las personas, aunque no necesariamente sean siempre extrovertidos y sociales.

Ahora pensemos en nosotros. Si al ver las descripciones identificaste una tendencia en tu estilo de liderazgo y dijiste «Acá estoy yo», te animo a no quedarte ahí, aunque ya lleves muchos años de ministerio. Todos podemos y debemos cambiar.

Renueva tu mente y sé transformado. (Romanos 12:2)

Todos los cristianos, incluyendo a los líderes, estamos en proceso de seguir creciendo, y esta es una de las facetas más bellas del desarrollo de nuestras capacidades. Aunque cueste, podemos dejar atrás nuestra naturaleza y desarrollar aspectos que parecían no ser parte de nuestras fortalezas innatas.

> *Un punto poderoso y distinto a algunas ideas de liderazgo que se han asentado en el corazón de la iglesia por asumir que determinados gurús del liderazgo norteamericano moderno dan siempre en la tecla.*
>
> *También, Ken Blanchard, un comprometido seguidor de Jesús, en su libro «Un líder como Jesús» nos ayuda a entender que el Maestro fue un líder situacional que adaptó su estilo de liderazgo a las personas y a las circunstancias y supo sentirse cómodo usando todos ellos. Jesús fue claramente directivo al comienzo de su ministerio, y, sin embargo, fue totalmente delegativo al final del mismo, tal como lo muestra la gran comisión.*
>
> *- Félix*

En la Zona Premium de **www.e625.com** podrás descargar algunas guías útiles para identificar mejor tu estilo recurrente y analizar cómo puedes trabajar tu personalidad de modo de aprender a usar otros estilos cuando sea necesario.

UN EQUIPO EN CASCADA

Lo que salta a la luz al hablar de los distintos estilos y tendencias es que resulta imposible alcanzar el mayor impacto en la iglesia si tenemos una sola persona a cargo de todo. Sobre todo, si el objetivo es el discipulado, y no solamente tener un culto lleno.

> *¡Absolutamente de acuerdo, Lucas! La realidad es cada vez más compleja, y no existe líder en el mundo, por muy preparado que esté, que tenga la capacidad de abarcar, procesar y comprender todas las vertientes o facetas de la realidad. Precisamos equipos de trabajo que aporten visiones complementarias, que nos permitan tener una fotografía más amplia y precisa de la realidad.*
>
> *- Félix*

Necesitamos equipos multidisciplinarios en cada una de las arenas del trabajo de la pastoral generacional.

Necesitamos reclutar más voluntarios para el ministerio de niños, desarrollar el ministerio de preadolescentes, contener a los adolescentes y no perder a los jóvenes en edad universitaria, sobre todo teniendo en cuenta todas las presiones que están ahora encontrando en su nuevo mundo adulto.

La iglesia debe aprender a involucrar a los padres.

Los padres deben aprender a contar con la iglesia.

Necesitamos sacar provecho a la posibilidad de generar una cascada de liderazgo, involucrando a los preadolescentes como colaboradores del ministerio de niños, a los adolescentes con los preadolescentes, y a los universitarios con los adolescentes, mientras los universitarios encuentran matrimonios que les enamoren de las decisiones correctas que queremos que tomen.

NECESITAMOS EQUIPOS MULTIDISCIPLINARIOS EN CADA UNA DE LAS ARENAS DEL TRABAJO DE LA PASTORAL GENERACIONAL.

Piénsalo por un momento. *¿Por qué tantos universitarios de hoy en día no se quieren casar, o pretenden perpetuar su adolescencia hasta muy pasados los 30 años? ¿Será porque no tienen cerca suficientes adultos casados que les provoquen una «envidia santa» y les den ganas de estar casados y alcanzar la adultez?*

Además, quienes lideramos a las nuevas generaciones debemos romper la fragmentación que heredamos y aprender a contar unos con otros sin importar cuál sea nuestro rol oficial.

Y deberíamos asomarnos fuera de los confines de la influencia cristiana, y espiar que sucede en las escuelas o universidades donde las nuevas generaciones conviven con otras influencias.

Vuelve a mirar el diagrama básico de la visión de un liderazgo generacional.

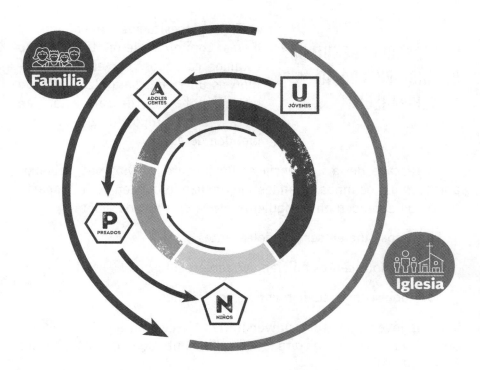

La foto ideal para una iglesia que alcanza nuevas generaciones está completa cuando en el cuadro tenemos líderes que tienden hacia los cuatro estilos, y tenemos por lo menos un matrimonio a cargo que modela un liderazgo situacional. Ya decía Eclesiastés: «Más valen dos que uno, porque obtienen más fruto de su esfuerzo.» (Eclesiastés 4:9).

Muchos ministerios de adolescentes y jóvenes sobre todo en Estados Unidos, hoy promueven construir relaciones entre pares y compañeros de la misma edad. Pero si bien las relaciones entre pares son cruciales, y está muy bien que lo hagan, muchísimos estudios destacan que las relaciones intergeneracionales son todavía más poderosas en facilitar la maduración espiritual y nutrir una fe vibrante y por eso reimaginar el ministerio con más adultos en el liderazgo de nuevas generaciones y ac-tivando a las mismas nuevas generaciones en el discipulado de quienes les siguen es una visión sin dudas poderosa.

- Kara

LOS ESPACIOS GENUINOS DEL DISCIPULADO NO TIENEN PAREDES

Todos necesitamos compañeros de metas. Copilotos que piloteen cuando estamos cansados. Por eso la comunión es un medio para alcanzar todo nuestro potencial, de cara a la gran meta y a los propósitos que se desprenden de ella.

La cascada de la influencia es un invento de Dios que debemos aprovechar. Los niños aprenden mejor cuando pueden ver el impacto de lo que aprenden en la siguiente etapa de su maduración.

Los niños quieren ser preadolescentes.

Los preadolescentes quieren ser adolescentes.

Los adolescentes sueñan con ya ser jóvenes.

Y los jóvenes en edad universitaria... Necesitan adultos maduros que modelen de qué se trata la vida abundante de la que habló Jesús (Juan 10:10).

Los espacios genuinos del discipulado no tienen paredes. Son aulas polivalentes que no se reducen a un templo o la cena familiar. Esos espacios son valiosos y determinantes, pero hay mucho más por explorar.

Max Depree escribió que el verdadero liderazgo nunca termina en palabras. Y quien modeló esa idea mucho antes de que él lo escribiera fue nuestro gran maestro, Jesús de Nazaret. Él fue el mejor líder de todos, y fue un claro ejemplo de alguien que utilizó distintas tácticas según las situaciones. *¿No crees que podríamos aprender más de Él?*

Capítulo 7

EL PLAN NECESARIO

«Los que se enamoran de la práctica sin la teoría son como los pilotos sin brújula, que nunca podrán saber a dónde van.»

Leonardo da Vinci

Pocas cosas me desaniman más que ver iglesias cerradas. Cuando llegué desde Argentina a estudiar en los Estados Unidos nunca había visto una, y la primera la encontré en California. Se veía abandonada y tenía un cartel de «en venta». Lo primero que pensé fue que la congregación se habría mudado a un lugar más grande, pero como la iglesia estaba cerca de donde yo vivía, un día le pregunté al respecto a unos pastores amigos que vivían en el área. Qué grande fue la desilusión cuando me contaron que esa congregación había cerrado porque sus miembros habían envejecido y eran tan poquitos que ya no podían pagar los impuestos y mantener esa propiedad.

¿Cómo sucede que una iglesia cierre?

Lamentablemente, varios años después de aquel primer encuentro con una iglesia local cerrada, ya conozco muchas otras en diversas partes del mundo. Todas tienen historias distintas, pero hay, sin embargo, dos denominadores comunes: 1. Nunca pensaron que les iba a suceder, y 2. No fueron eficaces en su trabajo con las nuevas generaciones.

Cuando entré en la Universidad de Buenos Aires a estudiar abogacía, el Señor me regaló, debo decir «milagrosamente,» la posibilidad de enseñar tenis en jardines preescolares. Digo milagrosamente porque, aunque me sabía las reglas y algunas cuestiones técnicas, sigo siendo horrible para ese deporte. Aún recuerdo el día en que empecé a enseñar en un pequeño jardín de la zona norte de la ciudad, en un área donde todos viven en edificios. El jardín no tenía un campo de deportes, así que llevamos a los chiquitines de 4 y 5 años a unas canchas de tenis que estaban un poco lejos. Al estar ya acomodados, lo primero que les dije a mis alumnitos fue que corrieran libremente por donde quisieran. Pensé que eso enseguida les iba a gustar, y que se me iban a ir por todas partes, pero con sorpresa noté que empezaron a dar vueltas en un radio muy pequeño, y algunos hasta daban vueltas casi sin moverse de su lugar. Les repetí que corrieran *libremente*, y recuerdo que algunos empezaron a dar vueltas a mi alrededor. Entonces les indiqué que corrieran hasta la red, o hasta la pared, y recién allí comenzaron a correr sin dar vueltas...

NO DEBEMOS CAMBIAR LO SAGRADO DEL EVANGELIO, PERO SÍ DEBEMOS INNOVAR EN LAS CUESTIONES PERIFÉRICAS

Me quedé pensando.

Estos eran niños que vivían en edificios verticales, y por lo tanto habían aprendido a correr dentro de las salas de espacios reducidos... Ellos estaban tan acostumbrados a correr en esos espacios que, ante una nueva libertad, no sabían hacer algo diferente.

¿No te hace pensar un poco en la Iglesia?

Necesitamos renovar nuestros programas. ¡Necesitamos aprender que el cambio no es nuestro enemigo! Por supuesto que no debemos cambiar lo sagrado del evangelio, pero sí debemos innovar en las cuestiones periféricas.

La combinación de notas musicales, la estética, si levantamos o no levantamos las manos, a qué hora es la reunión, la manera de sentarnos, el decorado del escenario, los días de la reunión de jóvenes, y el formato de la escuela bíblica o qué nombre le pongamos, no son doctrina. Son solamente costumbres.

Jesús llama a la Iglesia a levantar nuevas generaciones que puedan vivir el gran mandamiento y la gran comisión, pero no especifica un «*cómo*» preciso con respecto a la forma de llevarlo a cabo. *¿Por qué?* ¡Porque las formas nunca son sagradas! Si miramos la Biblia con atención, vamos a encontrar a Jesús diciendo lo que hay que lograr, pero no diciendo demasiado acerca de cómo lograr-

NECESITAMOS UN PLAN ORGÁNICO QUE SE REAJUSTE CONTINUAMENTE A LAS NECESIDADES DE UN ÁREA

lo. Incluso lo vemos, por ejemplo, sanando a los ciegos siempre de maneras diferentes. *¿Por qué?* Porque el gran Maestro sabía que a muchos terrícolas les fascinan las fórmulas mágicas, y deliberadamente estaba subrayando que el método no es sagrado.

> *Los expertos en liderazgo afirman que en un mundo tan complejo como el que nos ha tocado vivir, se precisa total unidad en el propósito a alcanzar, y total libertad en los medios para conseguirlo.*
>
> *- Félix*

El apóstol Pablo tampoco agregó demasiado respecto a las formas y metodologías que debe usar la iglesia. En 1 Corintios dice que deben usarse los dones de todos, porque así han sido dados por el Espíritu, y que debe hacerse en orden (1 Corintios 12 y 14). Luego le escribe a Tito y a Timoteo acerca de cuáles son los requisitos de los líderes (Tito 1 y 1 Timoteo 3), pero no agrega mucho más respecto de cómo debe ser la programación de la iglesia. *¿Por qué?* Porque si bien hay propósitos sagrados, no hay metodologías que lo sean. La Biblia no cambia, y Dios menos, pero cada generación de la Iglesia debe encontrar cómo ser efectiva en cumplir con los propósitos en su propio contexto temporal y espacial. Por eso es que necesitamos un plan orgánico que se reajuste continuamente a las necesidades de un área, de un tipo social y de una generación.

Jesús nos pone en la cancha e invita a correr libremente. *¿Qué tal si dejamos de dar vueltitas?*

El 90% de las iglesias que conozco tienen una reunión de jóvenes que es un calco exacto de la reunión de adultos del domingo, solo que en un día diferente de la semana y con gente de menor edad. Todos están sentaditos mirándole a la nuca al de adelante. Se paran para cantar. Se sientan. Se paran para cantar. Le dicen «bienvenido» al de al lado. Se vuelven a sentar sin dialogar acerca de lo que está sucediendo. (Y no quiero mencionar el hacer preguntas, porque eso sería demasiada rebeldía en algunos ámbitos.) Lo mismo sucede en el ministerio de niños, solo que como ya descubrimos que en la parte del sermón cuesta mucho que mantengan la atención, entonces mejor les ponemos una película.

Heredamos este formato de la Iglesia Católica de la edad media porque si bien el culto católico se centra en la eucaristía y el evangélico, en la predicación, la expectativa en cuanto a la participación de los asistentes es igual. La reforma protestante, con Lutero y Calvino, cambió la comprensión teológica, pero ellos no cambiaron el formato de las reuniones. La reforma carismática, desde Wesley, pasando por la calle Azuza dónde se oficializó el nacimiento del pentecostalismo, y llegando hasta los movimientos de renovación de la música, todos afectaron fundamentalmente las formas de expresarse de los cristianos, pero, aunque agregaron más espontaneidad y renovaron la estética y las armonías, no cambiaron el formato básico de las reuniones.

Pongámoslo claro: La gran comisión no dice «vayan y hagan reuniones», y menos que menos describe exactamente cómo debemos sentarnos o cuánto deben durar esas reuniones. No podemos dejarnos anestesiar por las caricias seductoras de nuestras tradiciones. Y, otra vez, no hablo aquí de intenciones. Hablo de animarnos a hacernos las preguntas difíciles y a pagar el precio de los cambios paradigmáticos.

Lo que suele atraparnos sigilosamente es el sutil y cobarde pecado de la inercia. Estamos cómodos haciendo lo que siempre hemos hecho, lo que ya conocemos, y lo que no despierta ni las criticas ni las sospechas de los cristianos de balcón, que están siempre listos para criticar a quienes caminan por las pasarelas de un ministerio audaz.

¿Qué hacer entonces? Insisto en que no hay fórmulas mágicas, pero sí hay algunas conexiones...

2 CONEXIONES SAGRADAS

Programar con eficacia no se reduce a hacer algunas superactividades aisladas. Debemos establecer un plan, trazar una estrategia, e implementar un calendario. Por eso las siguientes conexiones, aunque pueden ser útiles para actividades individuales, apuntan mayormente a una planificación general anual.

Un plan estratégico balanceado, bíblico y eficaz, hace continuamente dos conexiones:

Conexión 1. Con los propósitos de Cristo para la Iglesia

Conexión 2. Con el diseño integral de Dios

CONEXIÓN 1: CON LOS PROPÓSITOS DE CRISTO PARA LA IGLESIA

Pareciera obvio, ¿*cierto?* Pero no lo es.

Una cantidad exorbitante de esfuerzos se dan en muchas iglesias con el único objetivo de llenar templos –para ganarle a la congregación o a la denominación de al lado–, traer a la figura estelar, cantante o predicador, del momento –porque nadie más en la ciudad puede traerlo– tener el templo más grande de la zona –por vanagloria– o hacer lo que está «de onda» –porque eso es lo que «mueve a la gente»–. Todo esto en lugar de meditar concienzudamente sobre cómo conseguir los propósitos de Dios.

Claro, muy pocas veces vamos a confesar algo así. Siempre es alguien más el que lo hace, nunca somos nosotros... Quizás recuerdes que en un capítulo anterior dijimos que cuando no hay propósitos claros suele haber objetivos egoístas. ¡Y es que siempre hay un por qué hacemos las cosas, aunque tratemos de ocultarlo! Por eso es tan crucial afinar la mirada hacia los propósitos que perseguimos, y ser sinceros al preguntarnos: *¿Estamos realmente logrando lo que Jesús quiere, o estamos simplemente llenando nuestra agenda?*

Tener una visión es sin dudas crucial, aunque hay que notar que no todas las iglesias y líderes entienden lo mismo al decir visión y por eso me gusta la claridad que trajo al tema Scott Cormode quién define a la visión como «historias compartidas que traen esperanza». Esta definición regala tres aspectos de una visión regenerativa: compartida - historias – esperanza. El primer aspecto da a entender que la visión no surge de la mente de una sola persona asilada. Son historias que se entrelazan lo que le da orígen y el tercer aspecto es una esperanza futura anclada en las buenas nuevas de Jesús para todo el mundo. Cuando la visión se nutre así y no es gestada por una sola persona, hay muchas más garantías de que sea un plan correcto con motivaciones correctas y sin estos típicos objetivos egoístas que Lucas menciona.

- Kara

UN LIDERAZGO EFICAZ TRAZA PLANES PRAGMÁTICOS PARA LOGRAR LOS PROPÓSITOS EFECTIVAMENTE

Un liderazgo sin dirección, orientado solo a alcanzar «grandes hitos» o a mantener los ya alcanzados, siempre depende de actividades esporádicas para encender el entusiasmo de sus nuevas generaciones. Una noche de adoración especial con algunos músicos conocidos, un campamento, o una obra de teatro con muchos niños involucrados, ciertamente levantan el ánimo y atraen la atención de todos. Pero para edificar un ministerio que facilite una maduración genuina, es necesario que los propósitos sean el motor principal de por qué se hace lo que se hace, y que haya algo más que algunos «supereventos» desparramados a lo largo del año. Detrás de cada actividad debe haber una motivación clara que la trascienda. *¿Por qué se hace un campamento? ¿Para qué se hace un concierto? Y, más importante, ¿cómo se conecta ese evento con las prioridades de esta congregación en este momento preciso de su historia?*

¡Totalmente de acuerdo! En el libro «Raíces: Pastoral juvenil en profundidad» expuse mi opinión de que todo ministerio debe estar basado en procesos y no en eventos. Estos últimos son importantes y necesarios, pero siempre y cuando formen parte de un proceso y contribuyan al desarrollo del mismo. De lo contrario, los eventos se convierten en fines en sí mismos y no en medios para alcanzar un propósito superior. Por eso, antes de planificar un evento, hemos de preguntarnos: ¿De qué proceso forma parte? ¿Qué contribución hace al mismo?

- Félix

En muchas ocasiones usamos los propósitos más bien como excusas para realizar determinada actividad, pero no son la verdadera motivación. Y eso se refleja en los resultados. Por ejemplo, decimos que una actividad es «evangelística», pero la publicidad solo se hace en otras iglesias, con lenguaje evangélico y personajes evangélicos, y sin que haya una movilización efectiva para atraer a quienes no conocen a Jesús. Y aclaro: no creo que haya nada de malo en hacer conciertos o en tener bandas que son solo para cristianos, o en hacer grandes eventos donde los cristianos disfrutamos de la palabra de Dios en comunión. ¡Todo esto es genial! Lo que digo es que hay que ser honestos al preguntarnos por qué y para qué lo hacemos. Es fundamental para poder evaluar si lo que vamos a hacer es realmente la estrategia correcta para lograr aquello que pretendemos lograr.

Si digo que quiero hacer una reflexión seria y profunda acerca de liderazgo, *¿será mejor traer al músico más popular en redes sociales, o será mejor traer a un líder experimentado, que sepa mucho sobre liderazgo, y con un probado record de haber liderado exitosamente en el pasado?*

Un liderazgo eficaz traza planes pragmáticos para lograr los propósitos efectivamente, y siempre se cuestiona si lo que tradicionalmente se viene haciendo, o lo que hacen todos, realmente logra eso que se quiere lograr.

Ahora bien, quizás todo esto les calza a las iglesias «activistas», pero en el otro extremo también tenemos muchas iglesias orientadas a guardar las tradiciones para no «abandonar la senda antigua» y con la excusa de que es para proteger «la sana doctrina.» Pero *¿Cuál doctrina bíblica se está protegiendo realmente? Y ¿Cuál es la senda antigua?* Obviamente, y aunque más no sea por cuestiones cronológicas, cuando la Biblia habla de «la senda antigua» o «el buen camino» en Jeremías 6, no podemos pensar que esté haciendo referencia a tradiciones que los misioneros angloparlantes importaron al mundo de habla hispana hace un siglo. La senda antigua son los valores que Dios tuvo siempre, y que deben encontrar su aplicación activa entre nosotros hoy.

> *No puedo estar más de acuerdo con Lucas. Cada vez se me hace más evidente que enfrentarnos al presente con métodos del pasado puede representar hipotecar el futuro...*
>
> *- Félix*

El llamado de atención es claro: No podemos pretender llevar a la generación del nuevo milenio al cumplimiento de los propósitos de Cristo con las metodologías del siglo pasado, ni podemos seguir dependiendo de actividades esporádicas que no tengan los propósitos correctos en mente, tan solo porque son las que traen a más gente... ¡de otras iglesias! Dicho en otras palabras, necesitamos una programación coherente con lo que creemos que debemos lograr.

CONEXIÓN 2. CON EL DISEÑO INTEGRAL DE DIOS.

Ni bien comienza su ministerio, Jesús anuncia: «El Espíritu del Señor está sobre mí, por cuanto me ha ungido para anunciar buenas nuevas a los pobres. Me ha enviado a proclamar libertad a los cautivos y dar vista a los ciegos, a poner en libertad a los oprimidos, a pregonar el año del favor del Señor» (Lucas 4:18-19). Como ves, Jesús se conectó con los 5 carriles del desarrollo. Algunos teólogos llaman a este hecho «el ministerio integral», entendiendo que incluye la posibilidad o la demanda de afectar la vida humana en todas sus dimensiones.

Pensemos juntos, entonces, en estos cinco carriles:

CARRIL FÍSICO:

¿Cómo afectar al cuerpo desde la perspectiva de la Iglesia? Bueno, por empezar, *¿qué tal si incluimos una programación deportiva?* Los deportes ayudan al ministerio, principalmente en dos aspectos. En primer lugar, el deporte es sano. Hace bien al templo del Espíritu Santo. Muchos de los niños y adolescentes urbanos de hoy pasan demasiado tiempo encerrados en sus casas y en la escuela. *¿Y nosotros qué hacemos?* Tendemos a meterlos en el templo todo el fin de semana. Es cierto que en muchas comunidades los deportes están bien provistos por las escuelas o incluso por la universidad, pero esto no es así en la mayoría de las ciudades de Hispanoamérica, ni tampoco podemos asumir que es una realidad en la vida de cada uno de nuestros estudiantes. La propuesta no es competir con lo que ofrecen otras instituciones, pero sí estar atentos a las necesidades de nuestra comunidad y ser sensibles a que, si ellos están pasando demasiado tiempo frente a las distintas pantallas que la tecnología moderna les ofrece, entonces viene muy bien proveer una posibilidad de dispersión que los ayude en su desarrollo físico.

El segundo aspecto valioso del deporte para los ministerios a las nuevas generaciones es que son una increíble posibilidad de atraer a la iglesia a quienes de otra forma no podrían ser atraídos con actividades más tradicionales. Un sabio cóctel de deportes con evangelismo es poderoso. Hoy día existen muchos ministerios que combinan lo deportivo con lo evangelístico con excelentes resultados, y esta estrategia puede ser usada perfectamente por la iglesia local. Campeonatos, torneos y desafíos son una excelente herramienta para atraer a las nuevas generaciones a la iglesia.

Lo curioso es que en muchas congregaciones sí hay actividades deportivas, sobre todo con los más grandes, pero no son actividades intencionales que se consideran parte de la planificación. La idea muchas veces es «Los martes nos juntamos los amigos de la iglesia a jugar al futbol», pero esa no es considerada una actividad *de la iglesia... ¿Seguro que no lo es?*

Obviamente no me estoy refiriendo a un partidito de fútbol acá y allá. La realidad es que hay una variedad enorme de deportes que pueden ser practicados y promovidos desde la iglesia con una sabia planificación. También pueden ofrecerse clases de educación sexual, de nutrición o alimentación saludable, y ciclos de descanso propicios para el estudio. Todos estos son temas que la iglesia puede enseñar a sus hijos, acompañando el desarrollo físico de manera positiva.

CARRIL INTELECTUAL:

La conocida frase «Creer es también pensar», que John Stott popularizo, debe retumbar constantemente en los oídos de quienes trabajamos con las nuevas generaciones. Para muchos líderes y pastores el mayor desafío con su grupo de adolescentes por ejemplo es el persistente intento de sus jóvenes por cuestionar todo y hacer preguntas «difíciles». A mí me llama la atención encontrarme con maestros que se sienten victoriosos porque estudiantes nunca los cuestionan. Si tus adolescentes jamás te hacen preguntas fuertes y solo hablan en dialecto «evangélico», algo no está bien. Cómo hablamos hace unas páginas, los preadolescentes y adolescentes empiezan explorando el pensamiento abstracto, y continúan desarrollándose mediante el pensamiento crítico. Este proceso tiene sus picos de mayor altitud en el comienzo de la adolescencia y en su salida, cuando estando ya en la universidad además se encuentran en un entorno que les provoca a cuestionar lo que creen. Además, como vamos a desarrollar luego,

> LOS BUENOS LÍDERES Y MAESTROS SABEN AYUDAR A LAS NUEVAS GENERACIONES A PENSAR, CRITICAR, EVALUAR Y CONSIDERAR DIVERSAS OPCIONES EN SU BÚSQUEDA DE LA VERDAD

en esta generación la indiferencia y el desencanto social causados por tantas crisis económicas y políticas son dos verdaderos desafíos, y también por eso se hace tan necesario ayudarlos a comprender la verdad para darles esperanza.

> *Prensky, a quien ya cité en varias ocasiones, afirma que hemos de enseñar a las nuevas generaciones a base de preguntas potentes y poderosas que les lleven a tener que reflexionar y pensar. A menudo les damos respuestas a preguntas que no les preocupan o inquietan, mientras dejamos de contestar aquellas que son importantes y urgentes para ellos. Por eso Prensky nos invita -y creo que tiene toda la razón- a ir un paso más allá, no solo contestando sus preguntas, sino haciéndoles preguntas que generen procesos de aprendizaje por medio de la reflexión.*
>
> **- Félix**

El programa de nuevas generaciones debe contar con momentos donde se aliente el pensamiento crítico y no se lo oprima. Ya desde la niñez la construcción de las convicciones se manifiesta por medio del cuestionamiento, y los buenos líderes y maestros saben ayudar a las nuevas generaciones a pensar, criticar, evaluar y considerar diversas opciones en su búsqueda de la verdad acorde a la fase que están viviendo.

CARRIL EMOCIONAL:

Hace unas páginas mencionamos que el control, la aceptación y la regulación son los objetivos por lograr en el desarrollo emocional de las personas. La sociedad de los últimos años ha provocado desencanto e indiferencia intelectual, y eso ha alimentado sentimientos de insatisfacción, ansiedad, dispersión e incluso depresión en el corazón de las nuevas generaciones. La búsqueda instantánea del placer, impulsada desde los medios y facilitada por los dispositivos electrónicos en una generación de nativos digitales, se puede interponer al desarrollo de la madurez emocional. La industria del entretenimiento provoca sensaciones cada vez más y más fuertes y cuenta con un arsenal que

HACE SOLAMENTE UN SIGLO ATRÁS, NO EXISTÍA UNA INDUSTRIA DEL ENTRETENIMIENTO

nunca antes tuvo a su disposición. De hecho, hace solamente un siglo atrás, no existía una industria del entretenimiento. El entorno de nuestros hijos en las principales capitales tiene parques con montañas rusas con caídas que antes parecían imposibles, la música es omnipresente, la realidad virtual crea imágenes que recrean lo imposible, las películas en 3D ya son la norma, los efectos visuales de los conciertos son prácticamente tan importantes como la música. Los teléfonos ya son prácticamente una extensión del cuerpo. La pornografía es parte de casi cada publicidad, anuncio, revista o programa televisivo y se filtra hasta en las publicidades de las aplicaciones más inofensivas. Tanto estímulo es difícil de controlar por alguien en vías de madurez. Y más cuando pueden creer que su valor depende de lo que hacen o de lo que tienen, y que la aceptación depende de con quién se junten y a quién agraden.

Desarrollarse hasta convertirse en sujetos fuertes, con identidad y convicciones definidas en el ser, se hace complicado en medio de tanta propaganda a la inmadurez y a las decisiones basadas en sentimientos e impulsos y por eso los padres deben aprender a refugiarse en la iglesia y la iglesia debe aprender a hacer equipo con los padres para juntos discipular a una nueva generación de individuos fuertes y bien parados antes los vientos recios de un mundo que le pega continuamente a las sensaciones.

> *Hoy es científicamente comprobable que los hijos que experimentan amor incondicional tienen estadísticamente más posibilidades de conservar su fe camino a la adultez y si bien el amor de los padres es sencillamente irremplazable, que otros adultos siembren esa clase de amor en las nuevas generaciones fertiliza el terreno volitivo para la toma de mejores decisiones y facilita la posibilidad de sanar las heridas provocadas en un hogar sin esa clase de amor.*
>
> *- Kara*

Por todo esto es tan vital que el programa de nuevas generaciones debe contemplar la organización de actividades y la elaboración de currículums de enseñanza donde la aceptación y el amor incondicional sean una base fundamental y sin excederse en crear atmosferas sentimentalistas que solo faciliten otro ámbito para las emociones fuertes, pero sin la regulación del intelecto.

Los programas que generen una atmósfera de afecto y aceptación ayudarán a las nuevas generaciones a procesar mejor sus emociones para poder llegar a controlarlas, y a regular sus estados de ánimo, impulsos y reacciones sentimentales. Incluso provocando y estimulando emociones que se transfieran inmediatamente a acciones positivas como por ejemplo la compasión y el amor pueden ser encauzados positivamente al facilitar experiencias donde puedan expresar estos sentimientos y ponerlos en práctica ya sea visitando a un correccional de menores, o niños enfermos o confrontándolos con testimonios de extrema pobreza o bulimia y anorexia de algún centro de atención cercano. El punto es que visitar la necesidad real de orfanatos o asilos de ancianos, no solo sirve como ayuda a la comunidad sino también como disparadores de emociones positivas que ayuden a las nuevas generaciones a sacar lo mejor de sí.

¿Por qué no enseñamos inteligencia emocional en nuestras iglesias? Los seres humanos somos eminentemente emocionales. En Europa cada vez más se considera que la educación en las competencias de la inteligencia emocional -es decir, entender nuestras propias emociones y cómo regularlas, y entender las emociones de los demás y cómo regularlas- son fundamentales para poder tener vidas sanas y equilibradas y relaciones interpersonales saludables con los otros. Además, sabemos que cuando la emoción forma parte del proceso de aprendizaje, este se fija con mayor profundidad en nuestras vidas. La Biblia tiene muchísimo que decir sobre todos estos temas, pero, tristemente, con demasiada frecuencia está ausente de nuestros procesos educativos.

- Félix

CARRIL SOCIAL:

Antes explicamos que por este carril se corre la carrera de la convivencia, la adaptación y el intercambio y la iglesia debe ser el mejor espacio de socialización para cada individuo porque en ella se debe respirar amor incondicional y los líderes debemos facilitar esta posibilidad a través de nuestros programas.

> **LA IGLESIA DEBE SER EL MEJOR ESPACIO DE SOCIALIZACIÓN PARA CADA INDIVIDUO**

Por ejemplo, en todo grupo hay homogeneidad y heterogeneidad, y se puede usar una buena programación para acercar a los que se parecen y también para relacionar a los que son distintos *¿no sería esto un gran favor para facilitar un clima de inclusión en nuestras ciudades?* Cuando en un próximo capítulo hablemos del matiz relacional de los ministerios eficaces vamos a digerir mejor este principio y a compartir ideas de cómo integrar a los distintos grupos, pero ahora es importante destacar que debemos programar para que las nuevas generaciones aprendan a relacionarse mejor y a *ser y hacer* mejores amigos reconciliando las barreras sociales, raciales y económicas que reinan en el entorno hiper polarizado que ya navegan

Al hablar de esto en distintos ámbitos se me han acercado líderes a confesarme que ellos nunca habían pensado que esto era parte de su función ya que creían que su tarea se circunscribía solamente a una reunión semanal o a la enseñanza de la palabra, pero acuérdate de los propósitos... aún la palabra de Dios es un medio para acompañarlos a la madurez, y no un fin en sí misma. La comunión y las relaciones humanas son avenidas para alcanzar la madurez incluso espiritual y es que es rotundamente imposible divorciar el carril espiritual del social. El impacto que ejercen entre ellos mismos los miembros de tu ministerio es poderoso, y si ejercitamos un liderazgo generacional eficaz aprenderemos a conducir ese impacto y llevarlo a dónde queremos.

De hecho, otro error muy común sobre todo en algunos círculos de iglesias es suponer que a las nuevas generaciones siempre les atraen las multitudes. Y claro, queremos que más y más niños, preadolescentes,

adolescentes y jóvenes conozcan a Dios, pero debemos reparar en que, si las nuevas generaciones no se hacen amigos en la comunidad de la iglesia, por más atractivo que sea el programa, van a dudar de volver y perseverar en hacerse parte importante del mismo. Aunque sea contracultural para algunos pastores y líderes de más de cuarenta años, la palabra «multitud» ya no es tan atractiva como hace algunas décadas atrás. Vivimos en un mundo que se mueve más hacia lo personalizado y comunal y por eso, aunque es innegable la atracción de un grupo grande, la misión del líder es lograr que la experiencia se sienta pequeña y lo suficientemente personalizada.

ES ROTUNDAMENTE IMPOSIBLE DIVORCIAR EL CARRIL ESPIRITUAL DEL SOCIAL

Si no encuentran compañerismo, consejo personal, y un hombro dónde llorar cuando haga falta, las luces, los mensajes dinámicos y los nuevos decorados no van ser importantes y esto explica por qué en tantos ministerios que aparentemente son un éxito, hay tanta rotación de gente y esas masas que se emocionan luego toman decisiones que no tienen nada que ver con lo que se enseñó.

En otro extremo, hay líderes sobre de todo de ámbitos más pequeños que se han dejado atrapar por la homogeneidad de su grupo cerrado. El problema es que estos grupos tienen códigos tan fuertes que espantan a quienes vienen de afuera. Suelen estar dominados por una elite que la líder, el maestro o pastor teme alterar. Lo reducido de este acercamiento es que, al facilitar esta homogeneidad tan marcada, se les está limitando la oportunidad de que logren otras relaciones significativas, y se los paraliza en su protagonismo en la extensión del Reino.

¿Cuál sería la oferta óptima? Un programa que combine una rotación de grupos grandes con grupos pequeños independientemente si se es parte de una iglesia grande o pequeña porque tanto en una situación o la otra hay opciones para crear ambos entornos.[1] Una estrategia

---

1   En muchas iglesias estos grupos conocen como «células», «barcas», o «racimos».

que incluya actividades variadas, donde la recreación y el intercambio personal sean importantes enriquecerá las posibilidades de las nuevas generaciones de recorrer el proceso de ensayo y error en sus relaciones mientras se encuentran contenidos y seguros en un ámbito creado por líderes maduros. La iglesia debe ser un refugio dónde las nuevas generaciones puedan hacer una socialización positiva de pares mientras se compensa o se potencia a la socialización familiar.

> *El concepto de identidad incluye una dimensión personal derivada de cómo me veo a mi mismo a diferencia de a los demás, pero también una dimensión comunal derivada de cómo me conecto con otros. La cultura de hoy enfoca a las nuevas generaciones mucho más seguido a solamente responder quien quiero llegar a ser sin considerar la dimensión comunal y debido a eso nos convertimos en personas increíblemente individualistas. Una fe rica y sostenible reconoce que mientras camino junto a una comunidad de Dios, también en contraste descubro quien soy.*
>
> *- Kara*

CARRIL ESPIRITUAL:

En el capítulo de la eclesiología dejamos claro que los propósitos desglosados de Mateo 22:37-40 y Mateo 28:19-20 debían ser el móvil del ministerio a las nuevas generaciones en lo que respecta al carril espiritual. Esta dimensión es la que va a definir interiormente la cuestión de una persona completa y el estilo de vida de Cristo.

Las arenas del liderazgo generacional presentan la oportunidad inmejorable para trabajar sobre las acciones que se esperan del cristiano. Desde la niñez hasta la juventud somos profundamente sensibles a la posibilidad de sumar modelos de vida a esa identidad que estamos intentando definir. Por eso las disciplinas espirituales deben ser parte del *programa*, y no solo de los *temas* de las clases. El volumen de los malos hábitos disminuye cuando le subimos el volumen a los buenos.

En la mayoría de nuestros ministerios le damos tiempo exclusivo a señalar los hábitos no recomendables para los creyentes, pero demasiado seguido no solemos ofrecer más alternativas que orar, leer la Biblia y concurrir a la reunión. El ayuno, el servicio, la adoración individual, la vida devocional, la sencillez, la meditación, la confesión, el silencio, la alabanza no cantada, la comunión, el gozo, el retiro y otras disciplinas pueden tener un encanto especial para las nuevas generaciones si logramos que las experimenten y noten sus frutos a temprana edad.

EL VOLUMEN DE LOS MALOS HÁBITOS DISMINUYE CUANDO LE SUBIMOS EL VOLUMEN A LOS BUENOS

Hace muchos años escribí un pequeño libro para adolescentes llamado «No seas dinosaurio»[2], el cual trata de cómo hacer para que nuestra vida espiritual no se extinga y seque. En ese librito describo algunas avenidas por las que los adolescentes pueden correr sin límite de velocidad (así les digo en el libro) hacia la misma experimentación de Dios. Si bien es un libro que trata sobre las disciplinas espirituales clásicas, cambiando el lenguaje y llamándolas «avenidas», la realidad es que enseguida prendió y, para sorpresa de los que me decían que un libro sobre disciplinas no podía funcionar entre adolescentes, muy pronto me encontré recibiendo mensajes de adolescentes que habían empezado a ver estas disciplinas clásicas como una aventura.

Uno de los desafíos para los programas en lo que hace al área espiritual, son los distintos grados de madurez espiritual que se encuentran en un grupo además de cómo se expresa en las arenas del crecimiento. Los hijos de creyentes conocen historias, léxico, y versículos de memoria, que a los recién llegados suenan a «no perteneces». Un buen programa debe proyectar de antemano esta dificultad. Algunas alternativas son clases optativas, cursos cortos, estudios inductivos, rotación de grupos o reuniones separadas. Ya más adelante vamos a hablar sobre los cambios en la cultura, y conversaremos sobre cómo

---

2   Publicado por Editorial Certeza Argentina y LAGRAM .

la modernidad había desprestigiado a la experiencia espiritual... con la gran noticia de que en los últimos tiempos la experiencia «supra-sensorial» ha vuelto a escena.

La formación espiritual de las nuevas generaciones es el objetivo básico de toda esta conversación y una vez que revisamos nuestros paradigmas misionales es tiempo de ajustar los programas.

NUEVAS IDEAS, UNA NUEVA ARQUITECTURA

Al final del libro encontrarás una guía de implementación para bajar a la práctica pasos concretos que ayuden a tu congregación local a respetar mejor cada arena del desarrollo y cómo involucrar a toda la iglesia en crear una nueva arquitectura misional para el discipulado de nuevas generaciones, pero comencemos dónde estamos.

Reggie Joiner, quien por años lideró el ministerio a la familia en la influyente Iglesia North Point en Atlanta, destaca en su libro *«It's Just a Phase, So Don't Miss It»* (es solo una fase, asique no te la pierdas) que tenemos 936 semanas desde que nacemos hasta que nos graduamos de la escuela secundaria. Él y su coautora Kristen Ivy hacen en ese libro un fabuloso recorrido, condensando cada fase desde el nacimiento hasta la graduación desde la perspectiva de las relaciones más significativas, las realidades presentes, y las oportunidades distintivas de cada etapa y creo que ellos dan en el blanco al hacer tan evidente que el trabajo de discipulado con las nuevas generaciones es una cuenta regresiva.

El proceso de maduración es la gran aventura de la formación de la identidad, y la Iglesia no puede perderse la espléndida oportunidad de ser colaboradores positivos al definir esa identidad en todos los niños, preadolescentes, adolescentes, y jóvenes que pueda. Esa es nuestra misión. Debemos marcar a las nuevas generaciones con las señales de los discípulos de Jesús. Personas integras, maduras y plenas, escogidas por Dios para la alabanza de su gloriosa gracia (Efesios 1:6). ¡Por eso necesitamos ideas para darle mucho más seguido al blanco!

> *Ciertamente el proceso hacia la madurez es un viaje en el que podemos tener el privilegio de acompañar a las nuevas generaciones. Jesús se acercó a los discípulos que iban camino de Emaús y les acompañó en su situación espiritual, llevando los principios de la Palabra a su realidad única y singular. Los expertos en las nuevas generaciones afirman que estos chicos y chicas añoran tener mentores que les acompañen en su viaje vital. ¡Qué gran oportunidad y qué gran responsabilidad para nosotros!*
>
> *- Félix*

Renovar los programas y actividades debe hacerse con elegancia. Tomando en cuenta las ideas que leerás a continuación, piensa inicialmente en cómo ponerle un poco de sal a las cosas que ya hacen en tu congregación, y podrás ir facilitando un entusiasmo renovado para tus actividades.

Carlos era un pastor joven que asistió a uno de los seminarios que estábamos compartiendo en una ciudad de Centroamérica. Cuando escuchó la historia de mis alumnitos de tenis y de cómo daban vueltas en círculos, pensó: *«¡Eso es lo que nos ocurre a nosotros!»*. Al terminar mi exposición se me acercó, y me preguntó si podíamos conversar unos minutos. Me senté con él y, ni bien empezamos a hablar, comenzó a soltar una chorrera de ideas locas que tenía para implementar en su congregación. Las ideas me parecieron fantásticas, y lo alenté a que siguiera con el buen trabajo que estaba haciendo. Al cabo de unos meses me encontré nuevamente a Carlos en un congreso y le pregunté cómo le estaba yendo, y si había ya implementado alguna de esas ideas. Me miró con pena, y con la cabeza baja me dijo que no había podido... Ni bien volvió de aquel seminario trató de dar vuelta su ministerio haciendo todo lo que no había podido hacer hasta ese momento. En contados días tenía en su contra a media iglesia, y para colmo de males ni siquiera los jóvenes habían reaccionado a sus ideas como esperaba.

CAMBIAR DE A UN 10% FUNCIONA MEJOR EN EL 90% DE LAS CIRCUNSTANCIAS

¿Qué sucedió? Yo no fui rápido en advertirle que los cambios se hacen con elegancia. Aunque sus ideas eran geniales, al haber querido cambiar todo de repente no había logrado que otros entendiesen lo que estaba tratando de hacer, y hasta sus jóvenes se sintieron confundidos. Volvimos a sentarnos a conversar. Esta vez le refresqué una palabra que es muy importante en el liderazgo: **proceso**. Hacer cambios lleva su tiempo, y por eso cambiar todo de repente no es la estrategia más astuta.

En mi propia práctica ministerial aprendí que cambiar de a un 10% funciona mejor en el 90% de las circunstancias. A veces estamos tan pendientes de buscar el factor *wow,* el cual es bueno buscar cada tanto, que perdemos de vista que haciendo un pequeño cambio a algo que ya hacíamos, podemos generar una energía superior que con una cosa totalmente nueva. Y es que las cosas totalmente nuevas en general demandan un período de adaptación o explicación, el cual se puede ahorrar con solo renovar un detalle a lo que ya todos conocen.

Aunque este es un libro de filosofía ministerial y no especifico de ideas, revisemos algunas para ser prácticos. Pero de nuevo, recuerda: para que funcionen bien, renovar los programas y actividades debe hacerse como un proceso. Introduciendo los cambios de a poco, y a lo largo de un período planificando transiciones.

Algunas «macro ideas» que puedan facilitar muchas otras son:

SINCRONIZA EL CALENDARIO DE LA IGLESIA

En el Antiguo Testamento y aún en los evangelios es muy notable que la vida espiritual del pueblo de Dios funcionaba alrededor de un calendario de siete fiestas.

Siete FIESTAS. Si. Puse la palabra en mayúscula porque evidentemente contrario a la visión que heredamos del siglo pasado, a Dios siempre le importaron las celebraciones y esas celebraciones estaban cuidadosamente puestas en un calendario para que pudieran ser anticipadas y planificadas.

Debemos planear y debemos planear celebraciones. Debemos involucrar las fechas que son ya importantes para nuestro público y sacar provecho de ellas al involucrarlos en la planificación y ejecución de programas especiales que las tengan en cuenta.

Pensemos también en las fechas que no están en un calendario general, pero son importantes para nuestro público especifico como cumpleaños, graduaciones y comienzos de clases. Yo me acuerdo vívidamente que cuando era adolescente, muchas veces simplemente transportaba mi cuerpo hasta una reunión de la iglesia con el único fin de estar en el lugar correcto para que me llevaran a un cumpleaños que venía después. *¿Por qué crear un divorcio entre lo que las nuevas generaciones desean hacer y es bueno, y la reunión de la iglesia? ¿Qué tal llevar la reunión al cumpleaños, o el cumpleaños a la reunión?* Recuerda que fue a nuestro Señor a quien criticaron por «pasársela de fiesta», y fue Él quien comparó al reino de los cielos con una fiesta de bodas (Mateo 22:2-4).

Hace unos años en la iglesia dónde pastoreamos jóvenes con mi esposa, instalamos una fiesta de graduación para todos los que terminaban el secundario y otra para los que terminaban la universidad y aunque el primer año fueron solo tres, fue increíble lo que sucedió después y el crecimiento que se catapultó. Organizar una recepción anual de bienvenida para los que llegan al ministerio de preadolescentes viniendo de las clases de niños y el comienzo y el fin de clases, y las épocas de exámenes, todas son fechas a las que tenemos que prestar atención en nuestras actividades y en la planificación de nuestros temas y de hecho, estas fiestas de graduación son el mejor dispositivo para facilitar una transición marcada entre una etapa a la otra y la recepción y graduación de un ministerio.

Si un grupo es pequeño algún juego de algún joven que practica algún deporte por su cuenta, o algún recital si tus preadolescentes tocan algún instrumento también pueden aparecer en el calendario oficial del ministerio porque es una buena idea llevar al resto de los jóvenes a verlos, o en todo caso al menos puedes hacer una invitación abierta y que algunos vayan.

Recuerdo que una de mis adolescentes jugaba al vóley en un campeonato municipal, y sus padres me comentaron que pronto iba a ser la final. Averigüé el día y me aparecí en el partido con algunas de sus amigas de la iglesia. Ella no sabía que íbamos a ir, y estaba ya jugando cuando sintió que tenía un grupo de «fans» en las gradas, que coreaban su nombre. Claro que le dio vergüenza (en especial que *yo* estuviera ahí), pero su reacción hacía el ministerio juvenil y hacia mí nunca volvieron a ser iguales.

SORPRENDE

Demasiados niños, preadolescentes, adolescentes y hasta jóvenes universitarios se quejan de que la iglesia es (vamos todos juntos...): ¡A B U R R I D A! Y una de las principales razones es que las actividades son totalmente previsibles. Se saben el orden de memoria, conocen las frases preferidas de cada líder, el escenario nunca cambia, y la única gran novedad es que ahora el grupo de alabanza se aprendió una canción con saltito...

Todos podemos hacer algo mejor que eso.

¿Qué tal si fueras un preadolescente que llega a la reunión y sin sospecharlo te encuentras con un video de algo que hiciste en la semana y no sabías que alguien grabó? ¿Alguien te siguió? ¿Cómo tienen eso? Sin dudas tu conclusión sería: ¡Mejor vengo más seguido!

Cuando visito congresos y conferencias de adolescentes yo intento ponerme en los zapatos de un adolescente para hablarles. *¿Cómo puedo lograr que me regale su atención y asimile mejor lo que voy a compartirle?* Pensar así es la razón de haber hecho o dicho algunas cosas que luego en los videos de redes algunos han sacado de contexto o han mal interpretado justamente por no entender el contexto y ese es uno de los desafíos de hoy cuando a miles de kilómetros de distancia geográfica o cultural tratamos de entender lo que se dijo o hizo en otra circunstancia. Pero aquí estamos hablando del ministerio de la iglesia local y estos son tus niños, preadolescentes, adolescentes o jóvenes.

Piensa como ellos.

Llegas a la reunión y resulta que de invitada especial está quien canta una de tus canciones favoritas y nadie había dicho nada. O te dicen que mires debajo del asiento y encuentras un número o una pista que te va a llevar a un premio. O llegas tarde y notas que hoy hay más del doble de jóvenes en la reunión...y es que tus líderes arreglaron una reunión unida con otra iglesia, porque el tema de la noche es la unidad, pero todo era una sorpresa. O llegas temprano y ves que hay una enorme cortina de cartón tapando la puerta, desde el techo hasta tus rodillas y ves que hay un cartel que dice: «El que se humilla será exaltado... hoy entramos bajando la cabeza». Luego entras y resulta que el tema de la noche es reconocer quién es el Señor y entregarnos humildemente a Él.

¿Qué tal? ¿Te empiezan a dar ganas de asistir a esta iglesia? Las posibilidades son inagotables. Una pizca de sorpresa puede dinamizar mil actividades.

Ernesto Yturralde escribió: «En la escuela aprendemos la lección y luego nos someten a la prueba; en la vida, primero se nos somete a la prueba y luego, sólo si estamos atentos, aprendemos la lección». ¿Por qué no desarrollamos el aprendizaje experiencial en nuestras iglesias? ¡Es el que Jesús usó! Él compartió principios espirituales en el contexto de la vida real y cotidiana. ¿Por qué insistimos nosotros en hacer de la formación espiritual algo intelectual, dirigido exclusivamente al cerebro, y, con tanta frecuencia, descarnado de la vida real? Imagínate que deseas compartir con tus adolescentes o jóvenes el principio bíblico «Misericordia quiero, y no sacrificio». Llévalos a uno de los basureros de la ciudad, donde viven niños y adultos. Enséñales cómo viven. Exponlos a la realidad de un mundo caído.

> *Después vuelvan al salón de la iglesia y reflexionen juntos sobre qué significa para ustedes ese principio bíblico, y cómo pueden aplicarlo con los habitantes del basurero. El siguiente sábado, ¡vayan e impleméntenlo!*
>
> *- Félix*

La sorpresa es importantísima para mantener la atención y el interés. Hacer siempre lo mismo cansa, y es muy peligroso crear una sensación de aburrimiento en relación con el evangelio. Ya hemos perdido demasiados hijos por eso.

LA SORPRESA ES IMPORTANTÍSIMA PARA MANTENER LA ATENCIÓN Y EL INTERÉS

Mira las historias acerca de Jesús relatadas en los evangelios y notarás que los discípulos se lo pasaban de sorpresa en sorpresa. Primera reunión: Jesús convierte el agua en vino. Siguiente: Les pide que den de comer a una multitud, y cuando ellos se miran confundidos y ya no saben dónde esconderse, Jesús convierte un par de panes y peces en un festín multitudinario. Siguiente reunión: El maestro se aparece caminando por el agua. Siguiente: Se enfrenta a un endemoniado y envía unos demonios a los cerdos. Otra: ¡Resucita! Y aún después de eso: Se les aparece en el camino, pero no les deja saber quién es... ¡Es evidente que a Jesús le entusiasmaba sorprender a sus jóvenes!

Si tu iglesia es urbana es prácticamente seguro que entre tus filas tengas algunos niños, preadolescentes, o adolescentes con desordenes de atención, o que tienen demasiada azúcar encima como para quedarse quietos durante toda una reunión. Todo tu equipo debe saber que esperar que se queden sentados todo el tiempo sin moverse y sin hablar con los de los costados, es.... poco espiritual. *¿Te sorprende mi afirmación?* Lo siento. O bueno, no. Quizás esperabas que te dijera cómo mantenerlos quietos toda la reunión. Pero la verdad es que, si ese es nuestro plan, es un plan equivocado. El movimiento y la sorpresa son especialmente útiles para personas inquietas y para aquellos a quienes les cuesta mucho concentrarse. Considerando los cambios que están ocurriendo en los carriles del desarrollo, y la cantidad de estímulos que reciben a través de sus dispositivos, la televisión, el cine, y los omnipresentes videojuegos... llegó la hora de darnos cuenta, que no podemos seguir usando siempre la misma estrategia y manteniendo expectativas irreales que no respetan el diseño de Dios.

En un almuerzo con un grupo de pastores conocidos de una ciudad, el único pastor de jóvenes presente al escucharme hablar de este cambio de expectativas me dijo en tono desafiante que lo único importante era la palabra, y eso era a lo único que debíamos prestarle atención. Yo intuí su necesidad de pertenencia dado el entorno y le dije que estaba completamente de acuerdo, pero le pregunté a qué se refería cuando decía «la palabra». Hizo un silencio, y luego se esforzó por retener las frases que pedían salir de su boca. Se dio cuenta de a dónde iba mi pregunta... «La palabra», en sentido estricto, es Cristo. Él es el verbo, el logos, el camino, la verdad y la vida. Ni siquiera la Biblia es esas cosas, y mucho menos lo es una simple metodología de comunicación que se llama «predicación». Cristo tiene que ser lo más importante en todo lo que hacemos, y debemos comunicar su voluntad y los propósitos que Él nos dejó como misión y podemos y *debemos* hacerlo de maneras frescas y sorpresivas. Sobre todo, considerando la enorme competencia que tenemos por cautivar y mantener la atención de las nuevas generaciones frente a todo lo que el mundo ofrece.

¿Algunas otras ideas para sorprender? Que los líderes visiten sin aviso a alguno de sus estudiantes. Puedes avisarles a sus padres lo que van a hacer, y despertar a sus hijos el sábado por la mañana para entrevistarlos, mostrar su perro, sus carpetas del colegio y lo que sea chistoso, grabando todo en video y luego compartiéndolo en la reunión. Anuncia que por un tiempo todos los sábados van a sorprender a alguien. Ponte de acuerdo con algunos padres y adultos de la iglesia, y prepara una buena cena para abrir la reunión. Puede ser pizza, espaguetis, hamburguesas, tacos, o lo que se coma en tu ciudad, que

preferiblemente sea simple de preparar. Desde un rato antes de la hora de la reunión mantén las puertas cerradas, y coloca un par de voluntarios del lado de afuera que estén preparados para aguantarse la presión de los que quieren entrar. (Es curioso, pero cuando no pueden entrar es cuando más quieren hacerlo.) Que estén disfrazados de cocineros o de algo divertido, y que mantengan el buen humor mientras tratan de que los niños o los adolescentes esperen afuera. Adentro, prepara mesas con manteles para que se sienten, y, pasados unos minutos (que no sean demasiados), abre las puertas y dales la bienvenida a la cena sorpresa. Sirve la comida lo más rápido que puedas, y no tengas temor de cortar el servicio pasada cierta hora. De esta manera, además de la sorpresa, le estarás enviando un mensaje a los que llegan tarde (se perdieron la comida), y evitarás mayores distracciones durante el resto del programa. *¿Tema para la noche?* Alimento sólido (1 Corintios 3).

CREA COMPETENCIAS CORTAS Y CAMBIANTES

Un poco de competencia sacude la adrenalina. Es imposible negarlo: muchos terrícolas tenemos un niño competitivo adentro. En algunos casos es un monstruo feo y destructivo, y por eso hay que aprender a domesticarlo. El caso es que, si bien no podemos darle rienda suelta, tampoco funciona negar su existencia y no aprovecharlo para nada. Dios puso a ese niño en nosotros para divertirnos, para aprender a establecer relaciones de equipo, y para sacar lo mejor de nosotros. Por eso, favorecer un poco de sana competencia sirve para energizar cualquier tipo de actividades. *¿Qué buen campamento no ha usado cierta dosis de competencia?* Lo mismo se puede llevar al resto de las actividades del ministerio generacional. A algunas iglesias les ha funcionado tener anualmente un cierto número de equipos fijos, que compiten por ganar un buen premio a fin de año. (Eso sí, sus líderes recomiendan que el premio sea bien bueno, para que los estudiantes mantengan el entusiasmo a lo largo de tantos meses). Otra opción son competencias mensuales, o incluso otras que duren un día, o solo un rato con equipos que cambien continuamente para favorecer que se hagan amigos en el proceso. Sea como sea, jugar es importantísimo para el ministerio con niños, pres, adolescentes y jóvenes. Los juegos facilitan la interacción, generan camaradería, propician entusiasmo y valorizan habilidades mentales, físicas, y emocionales, que no salen a la luz en la clásica posición de mirarle la caspa al que está sentado adelante tuyo.

El autor de Eclesiastés decía que hay un tiempo para reír y un tiempo para danzar (Eclesiastés 3:1-4), ¡y es obvio que los cristianos tenemos mucho para celebrar! Podemos hacerlo jugando, o creando actividades que rompan el hielo, y para eso ayudan mucho las competencias entre equipos.

Claro que al hablar de competencia no estamos hablando de generar peleas. Algunas ideas para mantener a la competencia en foco son:

- Usar equipos cambiantes entre actividad y actividad. Cuanto más dura un equipo, más seriamente se lo toman.

- Combinar entre equipos naturales (por ejemplo, varones contra mujeres), y equipos fabricados artificialmente.

- Usar distintos criterios para armar los equipos (por ejemplo: por mes de nacimiento, por escuela, por edad, por música favorita, por celebridad preferida, por azar, por sorpresa abajo del asiento...)

- Si el resultado está muy inclinado para un lado, hacer que se jueguen todo en la última partida. De esa manera están todos en iguales condiciones para el desenlace, y la emoción aumenta porque solo se ganará por una jugada.

- No ser muy intensos nosotros mismos. Es muy común ver a líderes que se apasionan tanto por la competencia que pierden el control y arruinan lo que debería ser una atmósfera sana.

- Tener en mente el propósito de la actividad. Ya sea para integrar, divertir, o ilustrar algún principio o tema, no debemos olvidar para qué la hacemos. Eso nos ayudará a mantener la actitud correcta.

- Si sabes que cierto deporte o juego va a ser difícil de controlar, evítalo.

- Cuando tengas equipos grandes, asegúrate de tener voluntarios «infiltrados». Es decir, jóvenes o líderes en los cuales confías, que trabajen para que las nuevas generaciones participen en sus equipos y para mantener la actitud correcta. Digo «infiltrados» porque no necesariamente deben estar en el equipo como «líderes oficiales», sino simplemente estarán jugando como los demás, pero tú sabrás que ellos sí entienden el propósito más allá de la competencia.

USA RECURSOS DE LA COMUNIDAD

Unas páginas atrás hablamos del «templismo». En demasiadas ocasiones la limitación al visualizar nuestros ministerios fuera del templo agrega límites innecesarios a nuestras posibilidades.

LA LIMITACIÓN AL VISUALIZAR NUESTROS MINISTERIOS FUERA DEL TEMPLO AGREGA LÍMITES INNECESARIOS A NUESTRAS POSIBILIDADES

Al escucharme hablar de estas ideas, me pasó en más de una ocasión en distintos países que se me acercaron pastores explicándome que ellos por ejemplo no podían hacer actividades deportivas porque no tenían un gimnasio y recuerdo una vez que me lo dijo un líder que tenía un gran parque a tres cuadras de su congregación.

En casi todos los barrios y ciudades hay una gran cantidad de recursos que los líderes generacionales debemos aprender a aprovechar. Es increíble la cantidad de espacios y entidades que gustosamente podrían beneficiar nuestra programación para las nuevas generaciones si tan solo empezáramos a mirar un poco a nuestro alrededor. En algunos casos habrá que ir y sentarse con sus responsables para explicarles nuestros propósitos. En muchos casos esto incluso sirve para dar testimonio de Cristo. Y, sobre todo, sirve para que la congregación deje de tener ese halo misterioso que a veces tiene para los no creyentes.

Jorge era un pastor joven recorriendo su primer año en una iglesia hiper conservadora quien me preguntó cómo podía hacer reuniones atractivas en su templo tan viejo y frío a lo que yo le pregunté sorprendido por qué no podía cambiar un poco el decorado de su templo para hacerlo más cálido. El me respondió que eso iba a llevar su tiempo porque la gente de su iglesia estaba cómoda así y que estaba encontrado muy difícil hacer los cambios que quería. Entonces le pregunté que por que no empezaba a llevar sus reuniones juveniles y de adolescentes a algún otro lugar al menos los sábados si lo que quería era evitar el templo.

Al tiempo me lo volví a encontrar y me contó que pensando en lo que yo le había dicho conoció a la directora de la escuela primaria que estaba en la otra esquina de su cuadra y por primera vez decidió visitar la institución y se había sorprendido de encontrarse a pocos metros de su templo con un precioso salón de actos, con piso de madera y sillas movibles, ideal para las actividades de los adolescentes y que estaba libre los sábados. Luego me contó cómo había tomado coraje para hablar con la directora y pedirle el lugar a cambio de trabajar en algunas reparaciones que había que hacer y así lo había conseguido. Jorge estaba feliz por su experiencia y me contó con una enorme sonrisa que sus jóvenes estaban felices, que el ministerio se había multiplicado y que los hermanos más duros de la iglesia estaban colaborando porque había descubierto que su problema no eran en realidad los cambios sino los que se hicieran en el templo... porque el pastor anterior había insistido tanto que ese lugar era el altar santo dónde habitaba la presencia de Dios y que entonces esa era la barrera que había tenido que aprender a esquivar.

No sé si es posible que te den un salón de escuela en tu comunidad, pero sí quiero animarte a que buscar más allá de las fronteras del templo para ver qué puedes usar a tu favor. Al viajar por el mundo entero he observado una y otra vez que las iglesias más relevantes son las mejor conectadas con las comunidades en las que se encuentran.

Piensa fuera del edificio:

- *¿Hay una oficina municipal de niñez o juventud en tu ciudad?* Muchos municipios o ciudades tienen una oficina gubernamental para el trabajo con nuevas generaciones. En muchos casos, incluso por razones políticas, estás oficinas estarán listas a brindarte ayuda para conseguir predios, permisos, o para conseguirte descuentos para hacer eventos de beneficencia o aun evangelísticos.

- Museos: *¿Tienes algún museo cerca?* Acuérdate de lo que hablamos acerca del desarrollo intelectual... y, aunque al principio les suene como algo aburrido, pude llegar a ser muy interesante y puede permitirte organizar una salida bien diferente.

- Parque de diversiones: ese parque o feria que tienes cerca puede perfectamente servirte para organizar una salida especial con tu grupo de discipulado. *¿Tiene un costo?* Intenta hablar con el encargado del lugar o su oficina de ventas antes, y dile cuantos niños traerías y qué tipo de grupo son. Seguramente puedes conseguir algún descuento.

- Centro de adolescencia: Algunos hospitales o sanatorios tienen centros o departamentos para la juventud. En estos lugares se pueden encontrar dos cosas: Una es médicos y/o psicólogos que pueden ayudarte a dar alguna clase sobre educación sexual o problemáticas juveniles. Claro que debes cotejar por anticipado lo que le comunicarían a tu grupo, pero hay algunos temas neutros que perfectamente puede dar un no cristiano. (Por ejemplo, enfermedades venéreas, cómo se contagia el SIDA, de qué se trata, bulimia y anorexia, y otros...). La otra cosa que puede haber en estos centros es jóvenes afectados y con ellos tienes una excelente oportunidad de servicio.

- Aulas de escuela: Además del ejemplo de Jorge, hay muchas cosas que se pueden organizar en una escuela. Conozco el ejemplo de una iglesia que empezó a ofrecer cursos de orientación vocacional a los chicos en edad de escuela secundaria. Otra idea es ofrecer asistencia o apoyo escolar a niños y adolescentes a los que les cuesta el estudio. En muchas ciudades, cuando los chicos están por reprobar, sus padres pagan por maestros particulares que ayuden a sus hijos en una determinada materia. *¿Qué tal ofrecer eso gratis, o más barato, utilizando los talentos de algunos miembros de la congregación que puedan ayudarte?* Sin duda, ofrecer algo así va a atraer la atención de muchos padres, que empezarán a estar agradecidos con la iglesia.

• Plazas, parques, y hasta cines cuando hay una película que se presta para ver con el grupo de edades a los cuáles servimos.

APROVECHA EVENTOS EXTERNOS

Después de escucharme hablar de la importancia de establecer alianzas estratégicas entre pastores, líderes y congregaciones de una misma ciudad, una líder juvenil de varios años de experiencia se me acercó a confesarme que nunca había dejado ir o había desanimado de ir a sus adolescentes a un congreso muy famoso de su ciudad porque le daba miedo que ellos la compararan con otros líderes que iban a escuchar ahí, o que vivieran algo que ella no podía darles, y se terminaran cambiando de congregación. La felicité por hacerme esa confesión tan valiente ya que la mayoría de nosotros, cuando experimentamos estos miedos o celos no nos animaríamos a admitirlos, pero luego le pregunté por qué nunca había pensado en ir con ellos y convertirlo en una actividad de su propio ministerio. Primero me miró algo confundida y me dijo que, como el congreso era para jóvenes y ella era una mujer casada y a ella no le interesaban tanto los oradores que elegían, entonces nunca había pensado en ir porque no creía que el evento era para ella. Yo me sonreí y la miré a los ojos y le dije que claro que no era para ella como consumidora de las conferencias pero que también podía verlo con ojos de líder y facilitadora para crear una experiencia con sus adolescentes sin tener que organizar demasiado. Ella podía inscribir a todos sus adolescentes. Podían ir con una bandera de su congregación o alguna prenda de vestir que les identificara como equipo. Podían asignarse talleres o conferencias para después hacer reportes de lo escuchado y podía darle una lección de

SI ALGUIEN BENDICE A LAS NUEVAS GENERACIONES QUE INTENTAS SERVIR, ESE ALGUIEN ES TU ALIADO Y NO TU COMPETENCIA

unidad a los organizadores del evento al aprovecharlo, aunque no fuera la organizadora. Después de todo, si vivir una experiencia de grupo con el resto del cuerpo de Cristo de la ciudad era bueno para sus adolescentes, entonces era bueno para ella, aunque los predicadores no fueran sus favoritos.

Claro que no podemos ir a a todo evento cristiano grande que pase cerca nuestro y que debemos ser cuidadosos y selectivos al elegir en cuáles participar, pero no tenemos por qué ser los organizadores de todas las actividades que incluimos en nuestro calendario. Apoyar el trabajo de otra congregación y beneficiarnos oficialmente del esfuerzo de alguna organización cristiana es una buena medida de mayordomía de nuestro tiempo y esfuerzo. Si alguien bendice a las nuevas generaciones que intentas servir, ese alguien es tu aliado y no tu competencia.

Incluso puedes mirar todavía más allá y notar que en tu ciudad hay eventos culturales, educativos, patrios o incluso deportivos que también puedes asimilar como actividad oficial del ministerio.

Capítulo 8

EL MATIZ RELACIONAL

«Solo un discípulo hace discípulos.»
A. W. Tozer.

He leído docenas de libros sobre discipulado, y al viajar por tantos rincones de la Iglesia en prácticamente el mundo entero, me he encontrado muchos más acercamientos al discipulado de los que puedo recordar. Sin embargo, puedo resumir la esencia del discipulado a un «no» y un «sí».

No es un programa.

Sí es una relación.

El discipulado incluye actividades, pero no puede limitarse a un paquete de actividades empacadas en un orden preciso, y por eso no creo que pueda considerarse un «programa.» Lo que se observa vez tras vez, siempre que hay discipulado, es que hay una *relación*. Hay alguien que dice, en voz alta o de manera inconsciente, lo que Pablo les dice a los corintios en su primera carta a ellos, al comenzar el capítulo 11: «Imítenme a mí, como yo imito a Cristo.» Y eso solo se da en el contexto de una relación.

DE LA PROCLAMACIÓN A LA EDUCACIÓN

¿Te preguntaste alguna vez por qué algunos de nosotros pasamos años en una iglesia sin terminar de aprender algunas doctrinas fundamentales de la fe cristiana? Yo sí, y también le he hecho esta pregunta a muchos pastores y servidores por todo el mundo. La respuesta más usual que he escuchado es que esto sucede porque en muchos pulpitos de

hoy se predica lo que la gente quiere escuchar, y no lo que deberíamos predicar... Pero otra vez me hago la pregunta: *¿Tendrá esto que ver con las intenciones? ¿Será cierto que son muy pocos los pastores o maestros que quieren enseñar lo que saben que tienen que enseñar?*

Quizás la culpa no esté exclusivamente en los pastores o maestros, y además sería injusto generalizar. Quizás la culpa esté en el método.

Luego de mi segunda tanda de investigaciones acerca de la neurociencia comencé a trabajar en este diagrama al que llamo «el pentágono del aprendizaje»:

Estos son los elementos que, según hoy se considera en pedagogía, siempre deben estar en un aula creativa. Por eso me pareció importante integrar aquí este pentágono, para facilitarnos ver el proceso ideal por el que deberíamos llevar a quienes tenemos el privilegio de discipular. Esta secuencia representa el mapa de enseñanza al que aspiran las más avanzadas universidades del mundo. Y, para sorpresa de algunos, podemos ver a Jesús usando cada una de estas instancias en el discipulado de su «ministerio a la nueva generación.»

EL CEREBRO NO ES UN GRAN MOTOR DE PROCESAMIENTO INDIFERENCIADO, SINO QUE ESTÁ ORGANIZADO POR ÁREAS CONCRETAS RESPONSABLES DE DETERMINADAS FUNCIONES

¿No te parece que este pentágono debería poder reflejarse en la pedagogía de la Iglesia?

Usualmente nos quedamos en el paso 1. Proclamamos. Anunciamos. Inspiramos. Y, en el mejor de los casos, explicamos lo que podemos creer y debiéramos hacer. Pero la pregunta era *¿Por qué no llegamos al paso 5?* Y la respuesta es bastante simple. La razón obvia de por qué nos cuesta tanto ver la aplicación de lo que enseñamos es que salteamos los distintos dispositivos necesarios para involucrar a todo el cerebro en el aprendizaje.

Lo que hoy la ciencia deja en claro es que el sistema nervioso, en su forma más simple, trabaja en una especie de bucle de acción. El cerebro no es un gran motor de procesamiento indiferenciado, sino que está organizado por áreas concretas responsables de determinadas funciones. Es decir, distintos tipos de estímulos y acciones son procesados y despiertan distintas áreas neuronales que hacen su trabajo para retener información y asociarla con otra, creando conocimiento.

La posibilidad de leer las reacciones de los hemisferios izquierdo y derecho y aún el tálamo y el tronco cerebral a través de la tecnología ha ilustrado a los científicos para poder afirmar que escuchar apenas involucra algunas áreas del cerebro y deja sin uso a otras que son vitales para la creación de memorias y por ende de valores y acciones.

NECESITAMOS UNA REFORMA DE FORMA Y REDESCUBRIR QUE LA TAREA DE LA IGLESIA NO SE LLEVA ADELANTE SOLO CON PROGRAMAS

Mira en el pentágono las instancias 2, 3 y 4. *¿Creamos espacios para involucrar esos procedimientos de alerta y participación del cerebro con nuestros programas clásicos de enseñanza?* Deberíamos, pero quizás necesitemos más que una pequeña actualización de metodologías y de hecho, esa es la urgencia de lo que estamos hablando en este libro y la visión holística y completa del liderazgo generacional. Esto no se reduce a hacer reuniones más creativas o renovar la estética de nuestras actividades para que venga más gente al lugar de reuniones. Necesitamos una reforma de forma y redescubrir que la tarea de la iglesia no se lleva adelante solo con programas sino con relaciones intencionales porque muchas de estas instancias no se pueden dar en una actividad tradicional sino en el vínculo de una conexión personal cara a cara.

Aunque en general se asume que dudar de nuestra fe es algo malo e incluso pecaminoso, las encuestas demuestran una perspectiva distinta. En los estudios realizados a través de Fuller, los estudiantes que sienten la libertad y tienen la oportunidad de expresar sus dudas tienen una mayor predisposición a conservar su fe en el tiempo y eso ilustra lo que Lucas está explicando en estas ideas.

Desafortunadamente, demasiados estudiantes que experimentan dudas se quedan callados ya que nuestros programas, pero también nuestra manera de plantear las relaciones, no generan espacios para ese tipo de intimidad. Menos de la mitad de los estudiantes en nuestras investigaciones se sienten con la oportunidad de compartir sus dudas con adultos o aun otros amigos cristianos.

- Kara

MENTORES INTENCIONALES

Mi amigo Félix Ortiz, cuyos comentarios enriquecen estas páginas, escribió un excelente libro titulado «Cada joven necesita un mentor», el cual te animo a leer. En él, Félix articula la necesidad que cada joven tiene de contar con adultos involucrados en su vida que modelen de qué se trata la madurez y le ayuden a descubrir cuáles son las decisiones correctas en distintas circunstancias. Tal como estuve sugiriendo en varios párrafos anteriores, en cada fase de nuestra maduración necesitamos ver «qué sigue», y cuantos más ejemplos veamos de cómo hacerlo bien, más fácil será el camino.

La idea del «mentoreo» viene de la obra clásica griega conocida como «La Odisea», escrita por Homero. En ella Ulises, el protagonista principal, tiene un hijo preadolescente llamado Telémaco. Ulises quiere educar a Telémaco para ser el futuro rey mientras él está ocupado con la guerra de Troya, así que contrata a un amigo de la familia como tutor de Telémaco... y ya te imaginarás el nombre de este hombre: Mentor.

> QUIZÁS JAMÁS HAYAN EXISTIDO MOMENTOS EN LA HISTORIA, CON LA EXCEPCIÓN DE PERIODOS DE GUERRA, EN LOS QUE TANTOS HIJOS SE CRÍEN CON ALGÚN PADRE AUSENTE

Todos necesitamos mentores, y los niños, preadolescentes, adolescentes, y jóvenes de hoy, creo que los necesitan más que nunca. Quizás jamás hayan existido momentos en la historia, con la excepción de periodos de guerra, en los que tantos hijos se críen con algún padre ausente. Ya sea por la epidemia de divorcios, por lo frecuentes que son los hijos extramaritales en algunas comunidades, o bien porque la sociedad de consumo ha adiestrado al hombre y la mujer de hoy a trabajar sin parar con tal de comprar más cosas –en lugar de tener como prioridad el invertir tiempo en sus hijos–, el hecho es que muchísimos chicos casi no tienen la posibilidad de hacerle preguntas personales a un adulto.

En Juan 15:13 Jesús afirmó: «Nadie tiene mayor amor que este, que uno ponga su vida por sus amigos». Hay pocas posibilidades de que alguno de nosotros tenga que poner su vida por otro. Sin embargo, si pensamos que la vida está hecha de tiempo, entonces cambia notablemente el sentido de ese pasaje, que se leería de la siguiente manera: «Nadie tiene mayor amor que este, que uno dé su tiempo por sus amigos». El mentoreo es la mayor prueba de amor que podemos darle a un joven o adolescente. Es invertir nuestra vida en él para que llegue a ser la persona que Dios tenía en mente cuando lo creo.

- Félix

EL CEREBRO NO ES TAN SOLO UN ALMACÉN DE MEMORIA, SINO QUE HAY UNA VARIEDAD DE PRINCIPIOS OPERATIVOS QUE DERIVAN EN EL FUNCIONAMIENTO DE UNA PERSONA

Ahora bien, te recuerdo que todo el proceso de transición hacia a la adultez es una sucesión de etapas de búsqueda de la identidad personal. Todos nacemos con una herencia genética, familiar, y cultural, pero si bien llegamos con este paquete, todos tenemos características particulares que van a definir nuestra individualidad. Por ejemplo, puede ser que en el aspecto físico María tenga los ojos verdes de su padre y la nariz de su madre, pero sus huellas dactilares son únicas. Si a eso le sumamos que es Dios quien da el espíritu, entonces podemos estar seguros de que somos imposibles de clonar y que cada persona aprende de manera diferente y ese también es uno de los principales hallazgos de la neurociencia.

El sentido de identidad supera por lejos a las características físicas, y aun al coeficiente intelectual porque hoy contamos con una percepción más compleja en cuanto a que el cerebro no es tan solo un almacén de memoria, sino que hay una variedad de principios operativos que derivan en el funcionamiento de una persona. La identidad entonces es ni más ni menos que una compleja obra de arte, y por eso el «encontrarse a sí mismo» no es tan obvio para nadie y ahí es donde las influencias cercanas de adultos que modelen madurez son tan cruciales.

En la búsqueda de identidad, además, se lleva adelante un proceso de experimentación que suele resultar muy conflictivo, sobre todo en la adolescencia. Muchos de los problemones que surgen en esta etapa se dan cuando, al no tener una identidad definida, las nuevas generaciones se buscan a sí mismas en el ejercicio de roles antagónicos, o en una constante necesidad de lograr aprobación por parte de los demás.

En ocasiones, la escena se ve así: En un momento ella es la joven sexy de las redes sociales, y al siguiente es la suave chica espiritual del grupo de la iglesia. Un fin de semana cierto muchacho ensaya ser el DJ rebelde de YouTube, y el siguiente sábado es el líder de alabanza que se conmueve al tocar su guitarra.

Mientras las nuevas generaciones experimenten este tipo de dilemas, es lógico que expresen disgusto y disconformidad con sí mismos y con el resto del mundo y debido a eso utilicen distintos mecanismos de adaptación, tales como:

- Agresión
- Compensación
- Identificación
- Racionalización
- Egocentrismo
- Evasión
- Fuga en la enfermedad

Estos son solo algunos de los artilugios que lo seres humanos usamos desde la preadolescencia para intentar «encontrarnos a nosotros mismos», y que son muy difíciles de contrarrestar con un gran sermón.

Por eso, aquí se hace evidente otra vez que las nuevas generaciones necesitan personas mayores involucradas en modelar las conductas y las aspiraciones ideales.

LAS NUEVAS GENERACIONES NECESITAN PERSONAS MAYORES INVOLUCRADAS EN MODELAR LAS CONDUCTAS Y LAS ASPIRACIONES IDEALES

Alguien que no sabe quién es o a quiénes quiere parecerse, puede ser tan inestable que todos los días se encuentre al borde de un error con consecuencias graves y por eso es tan urgente para ellos encontrar mentores que les ayuden a definir una identidad positiva a la luz del amor de Dios.

Pero hay un problema. Los líderes sin preparación suponen que las relaciones en el ministerio simplemente «se dan». No trabajan proactivamente para generar relaciones sanas, fuertes, y que resistan el paso de las crisis propias de la maduración. Estos líderes asumen que todo se arregla con un pulpito fuerte y mejorando la alabanza.

Por el contrario, los educadores sobresalientes saben que sus estudiantes necesitan amigos en el siguiente paso de madurez y no solamente predicadores inspiracionales o teólogos o músicos «cool.»

LOS EDUCADORES SOBRESALIENTES SABEN QUE SUS ESTUDIANTES NECESITAN AMIGOS EN EL SIGUIENTE PASO DE MADUREZ

De eso se trata el ministerio relacional, que no es otra cosa que un acercamiento al ministerio desde la intencionalidad de las relaciones y a la sombra de la gran meta de acompañar a las nuevas generaciones hacia la madurez y los propósitos de Dios, por la vía de la amistad.

Déjame resumirlo de la siguiente manera: **La visión generacional es intencionalmente relacional.**

Lo he visto en acción en cientos de contextos: Si no logramos que las nuevas generaciones hagan amistades fuertes en la iglesia, las harán afuera. Y luego, ante las crisis o la tentación, las posibilidades de perderlos o de que se lastimen en el camino aumentan exponencialmente.

LA VISIÓN GENERACIONAL ES INTENCIONALMENTE RELACIONAL

NO ES OTRO MODELO

El matiz relacional no es otro modelo de ministerio. Es el colorido, y la naturaleza misma, del discipulado efectivo. Va más allá de los estilos que mencionamos antes, porque si bien algunos de nosotros somos menos dados a las relaciones que otros, si lo que pretendemos es la *formació*n y no solamente la *información* de nuestros chicos y chicas, las relaciones no se pueden descartar.

Aun Pablo expresó su perspectiva relacional diciendo: «Así nosotros, por el cariño que les tenemos, nos deleitamos en compartir con ustedes no solo el evangelio de Dios sino también nuestra vida. ¡Tanto llegamos a quererlos!» (1 Tesalonicenses 2:8).

EL MATIZ RELACIONAL NO ES OTRO MODELO DE MINISTERIO. ES EL COLORIDO, Y LA NATURALEZA MISMA, DEL DISCIPULADO EFECTIVO

Cuando alguien conoce a otra persona de cerca, lo externo se va esfumando, y el verdadero corazón de esa persona comienza a ser el interés principal al relacionarse con ella. El cerebro de esta persona se expone a otros estímulos que son frutos del ejemplo, la posibilidad de hacer preguntas y de expresar dudas y temores.

Muchos pastores, maestros y líderes cristianos tenemos que hacer algunos cambios en la manera de mirar a quienes tenemos el privilegio de influenciar. Por ejemplo:

1. *En vez de solo verlos como asistentes a las reuniones, debemos verlos como miembros:* Cuando alguien ha aceptado el compromiso de seguir a Cristo y ha obedecido los requerimientos de membresía de la iglesia, como por ejemplo el bautismo, independientemente de qué edad tenga, debemos mirarlo como un miembro que debemos activar para la obra del Reino. Ellos no pueden ser considerados simplemente espectadores por su corta edad. Si Dios los llamó al cuerpo, Él les proveyó dones (1 Corintios 7:7), y por lo tanto es nuestra tarea ayudarlos a encontrar su función dentro del cuerpo.

Para hacer este cambio de perspectiva los líderes debemos revestirnos de **humildad.**

2. *De verlos como números a verlos como individuos:* Conozco las presiones que muchos pastores y líderes enfrentan respecto al crecimiento de la iglesia. Y conozco en carne propia la tentación de solamente estar pendientes de que venga una multitud a nuestras actividades. También es un hecho que las nuevas generaciones deambulan en grupos, y a veces se dificulta distinguirlos unos de otros más que por la pandilla o la bandita. Pero si reconocemos la enorme necesidad de relaciones significativas que tienen, y la gran oportunidad de afectar sus valores durante estas etapas, entonces nos será más fácil acercarnos a ellos individualmente.

Para hacer este cambio de perspectiva debemos proteger con violencia el que nuestras **motivaciones** sean las correctas.

3. *De verlos problemáticos a verlos necesitados:* Compartir tiempo con personajes que pasan de la euforia a la indiferencia, que critican lo que sea y a quien sea, y a quienes cualquier ruidito del aparato electrónico que llevan en el bolsillo les puede robar la atención en el momento más sublime de una clase, es un gran desafío. Conozco a muchos comunicadores exitosos que predican a multitudes sin ningún problema, pero que se

morirían de nervios ti tuvieran que hacerlo ante un grupo de niños o preadolescentes. Muchas veces, en la iglesia, los jóvenes, los niños, y en especial los adolescentes y los pres, solo escuchan quejas acerca de su presencia. El administrador se queja porque cambian las cosas de lugar o porque las rompen, los diáconos se quejan porque los vecinos se quejan de los ruidos que hacen hasta altas horas de la noche, los ancianos se quejan porque les da vergüenza cómo se visten, algunas señoras se quejan porque se distraen con facilidad durante la reunión, y encima de todo esto, otros niños, o adolescentes, o jóvenes, los miran con recelo porque no son justamente de su grupito de amigos.

Para hacer este cambio de perspectiva debemos revestirnos de **compasión**.

LAS RELACIONES SANAS LIMPIAN EL ALMA

Muchos niños y adolescentes de hoy viven en un mundo de relaciones quebradas y de un individualismo sin precedentes. De los gobiernos aprendieron egoísmo, y en la sociedad leen pesimismo y desesperanza. El clima social de muchas ciudades ha puesto a la gente de mal humor, y ya se sabe que la violencia genera más violencia. Padres y madres, por su parte, viven ocupados viendo la manera de rebuscárselas para conseguir dinero, mientras sus hijos asisten a escuelas y colegios dónde demasiados profesores tampoco quieren estar allí porque sus salarios no les alcanzan. Las nuevas generaciones ya de por sí deben atravesar las crisis naturales de cada etapa en busca de forjar su identidad, y este clima social de nervios no los ayuda para nada. El impacto de toda esta realidad consigue que millones de ellos sufran severas crisis de autoestima y no encuentren dónde abastecer sus corazones rotos. Las presiones sexuales provenientes de una industria cada vez más descarada y de una sociedad de consumo donde las nuevas generaciones se encuentran en un constante manoseo de relaciones de corto plazo terminan por ensuciar el alma frágil de quienes están descubriéndose a si mismos.

Piensa en el impacto del divorcio. La simple observación de años trabajando con adolescentes junto a mi esposa, me permitió notar cómo los hijos de matrimonios divorciados tienden a tener mayor dificultad a la hora de tomar decisiones para sus parejas. La atmósfera de traición y mutuo socavamiento a la que estuvieron expuestos por parte de sus padres, en muchos casos lastimó las expectativas de los hijos. En una de las congregaciones donde tuvimos el privilegio de pastorear en California teníamos una pareja de novios en el equipo de liderazgo en la que tanto por el lado de él como el de ella, todos sus familiares estaban divorciados. Cuando me di cuenta de este detalle decidí hablarlo directamente con ellos porque también estaba notando que su noviazgo ya se había prolongado demasiado. Recuerdo que luego de un rato de conversación ella me dijo: *«Ahora me doy cuenta. Desde mi preadolescencia, he pensado que si mis padres y mis hermanos se han divorciado, nada me garantiza a mí que yo no voy a fracasar también».* Gracias a Dios, esta pareja pudo superar esos miedos y ahora están felizmente casados pero esa escena fue mi desayuno a comprender la urgencia de que la iglesia ofrezca modelos de noviazgo y sobre todo modelos positivos de matrimonio, no perfectos, pero sí sanos y creíbles.

LA PRESENTE GENERACIÓN TIENE HERIDAS QUE DEBEMOS AYUDAR A CURAR Y HERIDAS QUE PODEMOS PREVENIR CON BUENOS EJEMPLOS

¿Quién más lo va a hacer?

Las nuevas generaciones miran los medios y allí cada vez hay menos modelos. Las nuevas generaciones van a sus hogares, y demasiados se encuentran con familias fragmentadas. El sistema escolar no va a compensar esa necesidad y menos lo puede hacer el gobierno. Solo la Iglesia tiene esa capacidad y de nuevo, por eso necesitamos revisar esos paradigmas heredados del siglo pasado que instalaron la idea de que el ministerio de nuevas generaciones es cosa de líderes primerizos y solteros.

La presente generación tiene heridas que debemos ayudar a curar y heridas que podemos prevenir con buenos ejemplos. Estar ahí, junto a ellos, hace una gran diferencia para sanar sus golpes internos, reorientar valores alterados por alguna experiencia de la infancia, o reconstruir las imágenes rotas que necesitan para crecer de manera saludable. Si no ayudamos a las nuevas generaciones con sus emociones heridas por sus relaciones íntimas, estaremos permitiendo que Satanás paralice el potencial que ellos tienen como personas útiles y valiosas. Estaremos dejando puertas abiertas para que, con sus artimañas, Satanás los impulse a sabotear sus propios sueños.

Relacionarse de manera cercana con personas en proceso de maduración no siempre es una misión fácil de cumplir y requiere todavía más intencionalidad en el caso de ministerios que están en una temporada de crecimiento y reciben continuamente nuevos integrantes. El consuelo es que las técnicas y habilidades de los mejores líderes relacionales son ideas simples, y casi obvias, pero increíblemente eficaces. Dispositivos tan simples como:

1. Grabarse los nombres

2. Afirmar continuamente

3. Escuchar con devoción

4. Ayudar a pensar

5. No fingir perfección

Pensemos en ellos.

GRÁBATE LOS NOMBRES

El nombre es una de las propiedades más importantes de cada persona. No saber el nombre de alguien equivale a decirle que no es lo suficientemente importante para tu vida. Por eso, si queremos que los estudiantes sientan que son importantes para nosotros, debemos hacer todo lo posible por tener líderes que tengan bien presentes sus nombres. *¿Por qué alguien de quien no recordamos ni el nombre va a querer seguir nuestros consejos?* A mí todavía me resulta increíble la cantidad de iglesias dónde la gente se esconde detrás del «hermano/hermana» porque nunca se aprenden los nombres de los demás. No creo que haya ninguna familia en la cual entre verdaderos hermanos se digan «hermano/hermana», y definitivamente esta costumbre evangélica suena extraterrestre a la gente de afuera.

Algunas técnicas para retener nombres son:

1. Repetir el nombre rápidamente ni bien te lo dicen.
2. Usar el nombre con frecuencia en la primera y las siguientes conversaciones.
3. Usar el nombre antes de hacer una pregunta. («Carlos, *¿qué piensas de esto?*»)
4. Relacionar el nombre con el de alguien que ya conoces.
5. Reproducir mentalmente la imagen de la persona y asignarle el nombre de manera consciente luego de la primera vez que lo aprendiste.
6. Escribir el nombre en tu teléfono cuando te presenten a alguien al principio de una reunión, y después menciónalo durante la misma.
7. Mira a la persona a los ojos y luego y trata de recordar algo especial de ellas.
8. Usar foto grupales para repasar nombres.
9. Personalizar los nombres con algún detalle que lo haga sonar distinto, teniendo cuidado de que no sea un apodo ofensivo y que la persona esté de acuerdo. (Esta ha sido una de las técnicas que más he usado y he notado que tener un nombre cariñoso personal ayuda a crear cercanía).
10. Que el equipo de maestros y líderes se tome en serio esta tarea tan importante y en las reuniones de equipo destinen un tiempo para ayudarse a hacerlo.

AFIRMA CONTINUAMENTE

Nunca recibimos suficiente estímulo. No me da pena confesar que aprecio cuando alguien se da cuenta cuando he hecho algún esfuerzo especial o simplemente escuchar palabras de cariño cuando no hay alguna razón aparente. *¿Cuánto más lo apreciarán las nuevas generaciones entonces?*

Desde la niñez hasta la juventud las palabras de aprecio y estimulo logran mucho más de lo que imaginamos.

La sociedad de hoy se la pasa esclavizando al ser humano a través de una premisa muy simple pero increíblemente peligrosa y es que para ser aceptados, reconocidos y validados necesitamos algún último producto que acaba de salir al mercado.

Los medios masivos de comunicación hacen creer a las nuevas generaciones que no son ni tienen lo suficiente hasta que adquieran determinadas marcas o hasta que tengan suficientes seguidores en sus redes sociales. El sistema

LAS PALABRAS DE APRECIO Y ESTIMULO LOGRAN MUCHO MÁS DE LO QUE IMAGINAMOS

de oferta y demanda funciona con un aceitado aparato de mercadeo que a diario intenta convencernos de que necesitamos algo más para sentirnos felices, seguros e importantes y para alguien en proceso de madurez tratando de definir su identidad se hace muy difícil no ser presa del engaño. Sobre todo, considerando que la treta no afecta solamente a individuos, sino que se convierte en una cosmovisión social de la vida que afecta el entorno de cada niño y cada joven. Sus compañeros de clases tienen la burla a pedir de boca ya que en un reino de inseguros reina el más burlón y muchas veces hay padres cómplices que con buenas intenciones les hacen sentir mal respecto de sí mismos porque no son los hijos del catálogo de la familia feliz del supermercado.

Considerando el peso de esta realidad es que alguien que les muestre aprecio y los haga sentir mejor respecto de sí mismos, es siempre bienvenido y la iglesia puede ser ese lugar dónde reciben el estímulo que necesitan para anhelar tomar las mejores decisiones. Piensa en valores como la integridad, la honestidad y el esfuerzo. No en todas las esquinas de nuestras ciudades se aplaude esas actitudes. Estas virtudes junto a otras habilidades positivas deben ser aplaudidas y afirmadas en ellos para que se conviertan en hábitos del carácter.

Algunas de las aptitudes que siempre es bueno reconocer y celebrar en la iglesia son:

- Disponibilidad
- Honestidad
- Obediencia
- Sentido del humor
- Fidelidad
- Puntualidad
- Compromiso
- Convicciones firmes
- Compasión
- Buenos modales y amabilidad
- Paciencia
- Ceder la ventaja
- Conocimiento general y bíblico
- Humildad
- Empatía
- Iniciativa de acercarse al nuevo o diferente
- Un sentido de justicia que defiende al desprotegido

Y seguramente habrá más.

La sociedad ya celebra otras habilidades que también nosotros podemos celebrar como belleza, popularidad, rendimiento deportivo o académico, pero si nosotros no celebramos estas otras cualidades reducimos las posibilidades de levantar generaciones contraculturales que afecten el mundo en vez de ser afectados por él.

ESCUCHA CON DEVOCIÓN

En el inconsciente colectivo del liderazgo hispanoamericano tenemos instalado que nuestra tarea tiene más que ver con hablar que escuchar y esta debilidad ha retrasado el avance de muchos y ha retenido a demasiados ministerios por debajo de su potencial considerando otras habilidades que tienen.

Siendo personales, algunos líderes somos tan propensos a hablar, que encontramos dificultad para escuchar, pero *¿Qué tal preguntarse por qué Dios nos regaló dos oídos y tan solo una boca?* En la Biblia encontramos a Santiago diciendo: «Mis queridos hermanos, tengan presente esto: Todos deben estar listos para escuchar, y ser lentos para hablar y para enojarse...» (Santiago 1:19).

Algunos de nosotros incluso en situaciones de discipulado en las que podemos dar un consejo, preciso perdemos la oportunidad de darlo por no escuchar mientras la otra persona habla y yo medito, si no podemos escuchar a alguien en necesidad, al cual vemos, *¿Cómo vamos a escuchar a Dios, a quién no vemos?*

Tienes toda la razón, Lucas. Debemos escuchar con devoción. Los jóvenes y adolescentes no necesitan más sermones, necesitan ser escuchados. Precisan que alguien les transmita valor, dignidad, e importancia, haciendo algo tan simple como escucharlos de forma concentrada, dedicada, y sin juicios ni condenas. Mi esposa Sara tiene una frase que me encanta: «La escucha es una forma de hospitalidad». Hospitalidad para el alma, algo de lo que están tan necesitadas las nuevas generaciones. Sara y yo hemos comprobado con increíble frecuencia que muchas personas solo precisan ser escuchadas, y en ese proceso de sentirse oídas y acogidas, ellas mismas reordenan su mundo interior. Una buena escucha acompañada de preguntas potentes es una poderosísima herramienta para acompañar espiritualmente a nuestros chicos.

- Félix

Los niños, los jóvenes y en especial los adolescentes están altamente necesitados de que alguien los escuche, y la buena noticia es que, solo escuchando un poquito más, podemos mejorar muchísimo nuestro liderazgo.

Escuchar con devoción es una herramienta super poderosa y debemos notar que escuchar activamente no se limita solo a prestar oído a las palabras, sino que también es necesario estar atentos al lenguaje corporal. Las personas siempre estamos comunicando, aun sin necesidad de verbalizar lo que pensamos o sentimos y por eso hacer preguntas abiertas, o remarcar emociones con frases de empatía del estilo «Eso sí debe haber sido terrible», siempre ayuda a la otra persona a comunicarse con mayor claridad.

SOLO ESCUCHANDO UN POQUITO MÁS, PODEMOS MEJORAR MUCHÍSIMO NUESTRO LIDERAZGO

Algunas pistas para activar orejas en el ministerio son:

- Evitar el complejo mesiánico. La función de los líderes no es solucionar todos los problemas de la gente. No somos el mesías de nadie y en muchas situaciones la mejor ayuda es solamente escuchar. En muchas situaciones de consejería simplemente no hay una solución y en otras, es mucho mejor que el preadolescente o la joven aconsejada encuentre soluciones propias.

- Comprometerse en la conversación. El crecimiento espiritual no es matemático. Demanda tiempo, intimidad y confianza y no todos los tiempos de consejería intima terminan en una sola sesión. Debemos estar dispuestos al largo plazo y no intentar arreglar sentimientos y acciones equivocadas en unos minutos de consejos.

- Repetir lo que se escucha. Decir: «Entiendo que estás diciendo que...» ayuda a que los aconsejados sepan que los estás escuchando y a la vez que puedan corregirse si comunicaron algo de manera confusa.

- Esperar el turno para hablar y mirar a las personas a la cara.

- Prestar atención al lenguaje no verbal. Las posiciones y los gestos a veces hablan mejor que las palabras.

- Seguir escuchando. Seamos sinceros, es normal perder el hilo en ocasiones. Retoma haciendo una pregunta, y vuelve a escuchar.

AYUDA A PENSAR

Uno de los valores del precioso ministerio del que soy miembro dice que «las preguntas son tan importantes como las respuestas» y esta es una verdad poderosa, porque nuestra misión no se reduce a decirles a las nuevas generaciones lo que deben pensar, hacer o creer.

La tarea de la iglesia e incluso la familia es guiarlos a esas verdades que sabemos que deben internalizar, pero no podemos hacerlo por ellos. Deben descubrirlas solos. Los mejores maestros son los que logran que sus estudiantes lleguen a la conclusión correcta sin ellos nunca habérselas dicho. Detente en esa idea por unos segundos...

Ayudar a pensar no solo se hace con preguntas, sino también con afirmaciones que digan algo al inconsciente de los estudiantes. Incluso otras veces, se hace

> LOS MEJORES MAESTROS SON LOS QUE LOGRAN QUE SUS ESTUDIANTES LLEGUEN A LA CONCLUSIÓN CORRECTA SIN ELLOS NUNCA HABÉRSELAS DICHO

reorientando las emociones de esas personas valiosas bajo nuestra influencia, por ejemplo, levantándolos o consolándolos luego de algún fracaso.

Estas son frases y preguntas muy útiles:

- ¿Qué crees que Dios te está enseñando con esto?

- ¡Tú puedes hacerlo muy bien!

- ¡No te rindas!

- ¡Qué buena idea!

- Cuéntame más acerca de eso...

- Dime en tus palabras lo que me escuchaste decir.

- ¿Qué piensan tus padres?

- ¿Cuáles son las consecuencias potenciales de esto?

- ¿Qué es lo que te gusta de él/ella?

- Estamos seguros de que tomarás una buena decisión.

- ¡Qué bueno hablar contigo!

- ¡Me gusta tenerte en la iglesia!

NO FINJAS PERFECCIÓN

Las nuevas generaciones se desaniman mucho al ver adultos que dicen una cosa y hacen otra, y en especial para los niños es enormemente conflictivo encontrarse con esta realidad. Sus mundos se desmoronan, sobre todo cuando de alguna manera creyeron que nosotros éramos superhéroes que nunca íbamos a hacer nada equivocado. *¿Cómo evitarlo?* Siendo honestos e intencionales en enseñarles desde temprano que no somos perfectos y que nosotros estamos en el mismo camino que ellos, aunque estemos más adelante.

Hace un tiempo vi un video de un predicador muy famoso contando cómo el Espíritu Santo vino un día a él e instantáneamente en ese momento murieron todos los pecados en su persona... Hummm... *¿Qué estaba diciendo este predicador?* Su tono sonaba muy emotivo, y mientras lo contaba aparecían imágenes de sus cruzadas llenas de gente con las manos levantadas y llorando detrás de él. (Y habían aparecido también al principio del video, y cuando lo presentaban...) Yo no quisiera dudar de lo que estaba diciendo, pero... piensa en esas palabras. *¿Será cierto que «todos sus pecados murieron en un instante»? ¿Cuáles? Y, sobre todo, ¿Qué quiere decir eso para el oído común?* Sencillamente, para alguien inmaduro, eso quiere decir que esa persona no peca, y yo sí. Quiere decir que él ya no lucha con las tentaciones ni tiene debilidades, y yo sí. Y con buena voluntad puedo buscar que se me pegue algo de este predicador por un tiempo, pero tarde o temprano llegaré a una de dos convicciones: o él está mintiendo, o yo soy un fracaso.

Quizás ese predicador solo confundió sus palabras en esa oportunidad, pero definitivamente los líderes tenemos que tener cuidado de comunicar algo que no es real.

Es muy sano dejarles en claro a las nuevas generaciones que nosotros tenemos la misma necesidad de Dios y estamos en la misma búsqueda de Cristo que ellos. Pensando en nosotros, la hipocresía jamás es una buena idea; y pensando en ellos, nuestra honestidad les va a lastimar menos cuando temprano o tarde caigan en cuenta que nosotros tampoco hemos alcanzado la perfección.

Además, hoy vivimos en un tiempo distinto donde ni los héroes de las películas son perfectos como antes y en medio de este nuevo clima social se está levantando una generación de líderes más honesta que las anteriores. De hecho, cuando hace bastante más de una década comencé una gira llamada «Generación Líderes» que me llevó por 100 ciudades y más de 20 países y tenía todo un bloque hablando de la autenticidad yo notaba

NO TENGAMOS MIEDO DE ADMITIR A LAS NUEVAS GENERACIONES QUE NOSOTROS TAMBIÉN SEGUIMOS CRECIENDO, APRENDIENDO E INTENTANDO MADURAR

como si lo que estaba diciendo fuera revelación extraterrestre. Pero hoy ya no es así y escucho esta palabra en pulpitos donde antes hubiera sido insospechado.

No tengamos miedo de admitir a las nuevas generaciones que nosotros también seguimos creciendo, aprendiendo e intentando madurar.

Estamos en el mismo camino del discipulado que ellos presumiblemente más adelante, pero seguimos siendo hijos volviendo al Padre.

Discípulos que necesitan ser discipulados mientras discipulamos a otros para que todos podamos seguir creciendo conforme a la estatura de la plenitud de Cristo (Efesios 4:13).

Capítulo 9

LA INTELIGENCIA CULTURAL

«La iglesia no puede llegar siete años después.»
Charles Spurgeon

Hace muchos años tuve la oportunidad de traducir a John Stott, uno de los teólogos ingleses del siglo pasado más respetados en el mundo, y todavía hoy recuerdo una frase que dijo en esa conferencia compartida al norte de la ciudad de Buenos Aires. La frase, que todavía me hace eco, fue: *«Cada cristiano necesita dos conversiones: una, desde el mundo a Cristo; y otra, de nuevo al mundo, pero con Cristo».*

El viejo John dio en el blanco. Cuando entregamos cada centímetro de nuestro ser al Señorío de Cristo, estamos abrazando su misión de dejarlo todo por amor a los demás. Esto es lo que destaca Pablo en el capítulo 2 de su carta a los Filipenses. Cristo dejó su cultura para sumergirse en la nuestra. Habló nuestro idioma, caminó en nuestras calles, y tuvo que usar nuestra ropa. Se limitó a si mismo, durmiendo en una cama y comiendo nuestra comida, y hasta se gozó y lloró con nuestras alegrías y tristezas.

Una clave que he visto funcionar en organizaciones y aun en familias sanas, es que los ministerios efectivos y los padres que tienen el mejor dialogo con sus hijos hacen contacto continuo con la cultura a la que pretenden influenciar. Es decir, aprenden a «encarnarse» empleando «inteligencia cultural». Estos papás, o estos ministerios, tienen líderes con una idea astuta de qué cosas consumen las nuevas generaciones, y de qué cosas les interesan. Utilizan los códigos contextuales sin alterar el mensaje eterno, porque saben diferenciar qué es lo central en el mensaje evangélico y qué es cuestión de formas, tradiciones, gustos y cultura.

Traducir los mensajes eternos al tiempo moderno con una comprensión de tiempos pasados se hace extremadamente difícil, y por eso una «encarnación» cultural inteligente es tan sustancial.

LA HISTORIA DE UN CONTEXTO

Todo contexto social tiene una historia. El antropólogo Charles Kraft, del Seminario Fuller, solía destacar que la cultura «consiste en todas las cosas que aprendemos en el mundo, después de haber nacido, que nos permiten funcionar de la manera esperada como seres biológicos con relación a su ambiente». Tiempo y espacio sientan diferencias determinantes a la hora de definir a una generación, y describir ese «ambiente» trae mucha luz a la hora de establecer la mejor manera de influenciarla.

En muchas esquinas del cristianismo, la costumbre es ponernos a la defensiva de cualquier cosa nueva que dé vueltas por la atmósfera. Si no sabemos de qué se trata, por las dudas estamos en contra. Pero hay apreciaciones respecto a la cultura que deberíamos conocer. Y sin asustarnos. No digo que lo más importante para nosotros sea la discusión filosófica sobre cada aspecto, pero si estos patrones modifican el modo en que las nuevas generaciones entienden el mundo, es una buena idea prestar atención y conocer, al menos de manera introductoria, algunas de estas tendencias.

Muchos estudiosos de los procesos de evolución de la cultura coinciden en que la crítica de la modernidad iniciada por el romanticismo en el siglo XIX tuvo su punto álgido con el surgimiento de un filósofo altamente corrosivo llamado Federico Nietzsche. Mr. Nietzsche criticó a la moral, definiéndola de «antinatural» por provenir de la idea, según él, mística, de la existencia de un Dios moral. Por eso su declaración más conocida y recordada hasta el día de hoy fue: «Dios ha muerto».

El antropocentrismo del renacimiento, el racionalismo de Descartes, el poder del pueblo, y el nuevo auge de la ciencia, intentarían hacer de la afirmación de Nietzsche una hipótesis confirmada, y de hecho, el siglo XIX vio tantos cambios estructurales en la conformación de los estados nacionales, que un evidente positivismo se apoderó de la escena internacional. Para ese entonces, ya se olía un descrédito generalizado con respecto a la iglesia oficial, e incluso a muchos movimientos de la reforma. La modernidad erigió entonces nuevos ideales, y atrás de los ideales surgieron ideologías sobre cómo alcanzarlos que han permanecido hasta hoy. Algunas de las ideas que daban vueltas en ese «ambiente» eran:

- El avance tecnológico y científico solucionaría los problemas humanos.

- La ausencia de monarquías, el orden liberal, o el poder del pueblo, corregiría los problemas políticos y sociales.

- Ya no haría falta la religión.

Sin embargo, ya entrado el siglo XX, los supuestos de la modernidad se pusieron en duda. A pesar de existir posibilidades de comunicación antes impensables, el ser humano siguió experimentando aislamiento y soledad. Terminadas las grandes guerras se terminaron los grandes ideales de paz obtenible por medio del progreso, y con ellos el interés por participar en proyectos o «utopías» cuya finalidad fuera legitimar, dar unidad, y dar acción a movimientos sociales. Las nuevas generaciones no tardarían en descreer acerca de la posibilidad de un proyecto de verdadero cambio o revolución social, y así llegó lo que luego fue conocido como «la posmodernidad», un tiempo en que el individualismo consumista, la satisfacción instantánea, y las posibilidades privadas, fragmentaron la sociedad en un montón de intereses personalistas que fluctúan entre la oferta y la demanda.

Pero la historia tampoco terminó ahí. Sucedió lo que siempre sucede con todas las etapas culturales humanas. La posmodernidad también comenzó a cambiar. En términos prácticos, el «nuevo siglo» social inició con la colisión de dos aviones contra unas torres en Nueva

LA PARADOJA DE UN MUNDO GLOBALIZADO, PERO A LA VEZ FRAGMENTADO EN MILES DE MICROCULTURAS

York. De repente, occidente se hizo mucho más consciente del enorme y creciente mundo musulmán. Algunos años después, millones de refugiados llegaron a Europa cambiando drásticamente la demografía de muchas ciudades, y mientras tanto, en algunas capitales de Iberoamérica se instaló un marcado populismo, alentado por la frustración social creada por una brecha entre los que tienen y los que no que, recuperó los bríos de revolución.

Entre medio de este panorama, surgió también una nueva búsqueda de lo espiritual, solo que ahora fuera de las religiones tradicionales y con un fuerte arraigo en historias alternativas e incluso algunas muy locales de cada región. Y... cómo no nombrar los nuevos estándares de igualdad, que ahora incluyen al género y la sexualidad.

LOS CAMBIOS MÁS MARCADOS

La nueva selfie del planeta Tierra se encontró, en primer plano, con la paradoja de un mundo globalizado, pero a la vez fragmentado en miles de microculturas que conviven interconectadas. Los latinos comemos sushi, y los tailandeses chimichangas. En Suecia se multiplican los restaurantes peruanos, y en Montevideo los armenios. Pero, a su vez, no podemos esquivar el hecho de que en cada ciudad hay miles de tribus con intereses y gustos completamente diferentes e incluso intereses transversales que comparte alguien de 8 de 18 de 28 y de 38. Por eso en líneas generales no encuentro tan útil intentar hacer una caracterización de generaciones completas usando términos como X, mileniales o Z, ya que fluctúan continuamente. Sin embargo, hay algunas tendencias del pensamiento que influencian las conductas de unos y otros, y que afectan a todo el foco del liderazgo generacional, así que conviene detenernos a analizarlas...

DE LO ABSOLUTO A LO RELATIVO:

Conductas que antes eran inadmisibles se han convertido en una opción más. *«¿Quién define qué está bien y qué está mal dentro de los límites de la legalidad?»*, te puede preguntar algún universitario. Se empieza a escuchar más seguido que ya no hay izquierdas ni derechas políticas puras, y en el arte pop se insiste con que todas las religiones son igual de válidas. «Las creencias no son absolutas, sino relativas a las circunstancias y a la conveniencia de cada uno», puede afirmar cualquier adolescente, sin siquiera sospechar que no siempre se pensó así. Utilizando la Internet puedes obtener la más actualizada información, o la peor pornografía de la violencia. Algunos hablan de «tolerancia», y de que así es una sociedad más justa. Otros ponen el grito en el cielo preguntando hasta qué punto no se puede ejercer ningún tipo de juicio de valor sobre la conducta privada de los demás. *¿Será que todo tiene que ser relativo? ¿O debería todo ser absoluto?* O... *¿No será que el problema radica en incluir la palabra «todo» en la pregunta?*

DE LA PRODUCTIVIDAD AL PLACER:

«Relax» era una mala palabra hace algunas generaciones atrás, pero hoy es una aspiración. En una era donde todo tiene que ser ya y ahora, queda poco espacio para pensar en producir para el futuro. A las últimas generaciones se las ha intentado domesticar para que piensen solamente en el *ya* y en la búsqueda de placer. En el polo opuesto, nuestros abuelos y sus antepasados tenían una fascinación con el trabajo y la utilidad. En especial para los hombres, su trabajo se relacionaba con su identidad. Ahora, el «debo hacer» fue reemplazado por el «quiero sentir». Nunca antes en la historia hubo tantas formas de entretenimiento físico, tantos gustos, tantas experiencias virtuales, tantos productos, ni tanta ropa. La industria del placer se agigantó, y con esto se alteró la escala de valores del ser humano. La vida será cada vez más cómoda, pero este cambio ira moldeando nuestra manera de pensar y también de anhelar... Ya están lejos esos inmigrantes europeos que llegaron a América a sudar la gota gorda trabajando la tierra. Placer inmediato y resultados sin esfuerzo parecen ser la ecuación perfecta de hoy. Pero no siempre fue así.

Como padres, es natural que lo último que queramos es que nuestros hijos experimenten dolor. Pero cómo Pablo escribe en Romanos 5:3-4 «sabemos que el sufrimiento produce perseverancia; la perseverancia, entereza de carácter; la entereza de carácter, esperanza.» Claro que yo preferiría que no fuera de esta manera, pero el dolor es una de las principales avenidas de Dios para el crecimiento y la formación de la identidad.

Podemos ayudar a nuestros hijos e hijas estando atentos a eventos particulares que inciten crisis que les faciliten el crecimiento, así como una perdida en la familia, una discusión con una amistad cercana o algún desafío en los estudios. Claro, no todas las dificultades serán grandes problemas desde la perspectiva de los adultos y muchas de ellas serán nuevas preguntas acerca de la fe, o nuevos patrones de desobediencia en detalles cotidianos o el estrés normal de algún evento importante en sus calendarios. Cada una de esas pequeñas dificultades presenta una oportunidad valiosa de ayudarles a crecer y aprender a confiar en el Dios que los hizo.

- Kara

DE LA INTIMIDAD A LA TECNOLOGÍA:

Seguramente te habrá pasado más de una vez que estás en una conversación con alguien que te responde con atención, hasta que suena su celular y esa persona simplemente se toma un avión mental hacia otro lugar. Hoy, al hablar de amigos, se diferencia entre amigos de las redes y amigos-amigos. El problema es que, con este trueque, los últimos parecen ser más y más escasos, y los contactos por redes sociales se tornan omnipresentes. Lo malo tal vez no sea tener amigos en las redes. Lo malo es reemplazar relaciones de intimidad, suplantándolas artificialmente por relaciones a distancia con personas que me pueden hacer sentir todo tipo de sensaciones creando realidades falsas o, al menos, incompletas. Esto tampoco es nuevo, ni tiene que ver exclusivamente con redes sociales, ni es realmente culpa de las nuevas generaciones. Los hijos aprenden de sus padres, y cuando los padres no podemos sentarnos a comer sin una TV prendida, y no podemos controlar el impulso de atender el teléfono sin importar con quién estemos o de qué estemos hablando, los chicos ven en nosotros que la tecnología es el pez mayor que se está comiendo al menor.

DE LA REBELDÍA A LA INDIFERENCIA:

La última parte del siglo pasado fue un tiempo de protestas escolares, rock, modas estridentes, y rebeldía adolescente. Surgieron los primeros movimientos ecologistas, y el estándar era oponerse. De hecho, no importaba mucho contra qué rebelarse, pero había que hacerlo. Rebelarse era señal de status cultural.

Desde siempre, las nuevas generaciones fueron consideradas la mayor fuerza de cambio social, y por décadas se encargaron de gritarlo a los cuatro vientos. Pero pese a las manifestaciones, los colores y los ritmos cambiantes, la sociedad se siguió moviendo en dirección a la corrupción y el materialismo consumista, y el resultado fue que las nuevas generaciones instalaron en su inconsciente colectivo una filosofía del «qué me importa». Hoy en día, cuando hablo con adolescentes y les pregunto qué piensan de la sociedad y de la política, son demasiados los que prefieren no opinar. Pero he observado que si insisto en la pregunta, pronto sale un: «Son todos unos corruptos» o «No vale la pena involucrarse» o «Los políticos dicen lo que la gente quiere escuchar, pero solo se ocupan de ellos mismos». Claro, hay «islas culturales» aquí y allá, donde algo moviliza a las nuevas generaciones a actuar o a manifestarse públicamente, pero el ímpetu suele ser de corto plazo y no una vocación como lo fue en décadas anteriores. Una generación que vive sacándose *selfies* y *postea* videos personales continuamente, se acostumbra con mucha más facilidad a enfocarse en su propia historia en lugar de pretender cambiar la foto de su contexto social.

> DESDE SIEMPRE, LAS NUEVAS GENERACIONES FUERON CONSIDERADAS LA MAYOR FUERZA DE CAMBIO SOCIAL

UNA GENERACIÓN QUE VIVE SACÁNDOSE SELFIES Y POSTEA VIDEOS PERSONALES CONTINUAMENTE, SE ACOSTUMBRA CON MUCHA MÁS FACILIDAD A ENFOCARSE EN SU PROPIA HISTORIA EN LUGAR DE PRETENDER CAMBIAR LA FOTO DE SU CONTEXTO SOCIAL

DE LA FAMILIA A LA MULTIFAMILIA:

Distintas estadísticas señalan que un tercio de los niños del mundo se van a la cama sin un padre en la otra habitación. A la luz de lo que ya hemos discutido, te puedes imaginar el tenebroso impacto de esta realidad. Cuando con mi familia vivíamos en la ciudad de Miami, observé que de entre 10 amigos de mis hijos, solo 1 tenía en casa a su padre y madre naturales. Sean cuales sean las causas de cada ruptura familiar, Dios quiere que compartamos su amor y su poder con esta generación teniendo en cuenta la situación en que se encuentran. Mucho material para estudios bíblicos, y muchos sermones, olvidan tener en consideración cuántos de los niños y jóvenes que están en la iglesia viven esta realidad, y sin querer pecamos de imprácticos, o agregamos culpa sobre las espaldas de los que heredaron este problema. Los hijos de estas familias tienen hermanos compartidos con otros papás y mamás, y son muchas veces criados por padrastros y madrastras que no han asimilado que, al casarse con sus nuevas parejas con hijos, esos hijos les están evaluando como padres y están, consciente o inconscientemente, internalizando muchos de sus valores.

DEL LEGADO A LA FAMA:

Siempre hubo gente famosa, pero no siempre la fama fue un objetivo, o incluso una obsesión, para tanta cantidad de personas. Probablemente hayas visto en la TV o en la web ese experimento social en el que alguien –una persona cualquiera– se pasea por una calle muy transitada rodeado de personas –que en realidad son extras contratados– que le sacan fotos y le piden autógrafos... Invariablemente, unos pocos minutos más tarde ya hay otras personas –gente común, que no sabe que se trata de un experimento– que comienzan a acercarse para pedirle autógrafos y sacarse fotos con este alguien aunque, evidentemente, no sepan de quién se trata (porque en realidad no era nadie famoso). *¿No es algo para pensar?*

¿Qué efecto tiene este «sensacionalismo» y esta fascinación con «la fama» en nuestra visión de la vida y nuestra escala de valores? La historia registra que hasta hace algunas décadas la mayoría de las personas anhelaban dejar un legado y gozar una vida significativa, pero la fama no aparecía en la agenda del grueso de la población. Eso ha cambiado, y hoy le damos tanto valor a la fama, que incluso hay casos de gente que es famosa solamente por ser famosa, como se puede notar en algunas «estrellas» de *reality shows* a las que no les conocemos ningún talento salvo el haber estado en la TV y ser... ¡famosos! Esta tendencia se ha metido también por las ventanas de los templos, y en algunos sectores se ha llegado a evaluar la espiritualidad por la cantidad de seguidores de redes sociales. A mí me ha entristecido escuchar a líderes cristianos decir, como si nada, que ellos eligen a sus invitados para distintos eventos según «quién trae más gente», sin sospechar que eso desnuda un criterio superficial que nada tiene que ver con bendecir a la gente o lograr un objetivo que no sea compartir la fama del famoso...

DE LA EDUCACIÓN A LA ESPECIALIZACIÓN:

El lema de mi escuela secundaria era «saber es poder». No se aclaraba qué era lo que había que saber. Simplemente había que saber, y con esa idea estaban armados los programas de estudio. «Educación» era adquirir conocimientos generales de todo tipo y materia. Y al progresar en los estudios íbamos adquiriendo poco de mucho, sin saber mucho de nada. Hoy el mercado laboral requiere cosas específicas, y la educación ha estado cambiando. *¿Tendrá esto algún impacto en la Iglesia?* Seguramente lo tiene para las familias. Es significativo notar que en los países donde se generan la mayoría de los avances tecnológicos y aun teórico-científicos, los niños podrán tener pocos conocimientos generales, pero desde pequeños se hacen especialistas en algo. Yo creo que esto también debe afectar la educación ministerial, y por eso en e625 comenzamos un Instituto online de actualización desde la perspectiva del liderazgo generacional que te recomiendo conocer en **www.institutoe625.com**

DE LA RELIGIÓN A LA ESPIRITUALIDAD:

Prendes la TV y hasta los programas para niños están llenos de mística. Hay semidioses, demonios, ángeles, y espíritus, jugando como héroes o villanos de incontables programas infantiles y para adolescentes. También lo habrás notado en los videojuegos y muchos artistas de moda dicen que se consideran «espirituales», e incluso hablan de «Dios» en premiaciones o en sus canciones, pero su vida moral hace evidente que ese «dios» no tiene mucha conexión con su moralidad personal.

Hace poco les preguntaba acerca de esto a un grupo de adolescentes que no asistían a la iglesia, y me respondieron que creían que no estaba bien, pero que lo entendían porque, según ellos, «nadie podía juzgar qué es lo que Dios quiere». Contradictorio, *¿cierto?* Además, muchos de ellos no creían en las iglesias, ni en los pastores, ni en los sacerdotes, pero decían que sí tenían contacto con Dios, y que iban a la iglesia, cuando querían pedir algo o hacerle alguna promesa a Dios, en ocasiones a cambio de algo…

El caso es que dar a entender que alguien es espiritual está bien visto en la mayoría de los medios. Sin embargo, decir que alguien tiene mucha religión suena mal hasta en los rincones de una iglesia. Y esto tampoco fue siempre así.

DE LAS CONVICCIONES A LAS SENSACIONES:

La Iglesia de hace algunas décadas admiraba a los teólogos. Luego las estrellas fueron los evangelistas, y hoy las celebridades son los artistas. *¿Qué hay detrás de este cambio?* Sin duda hay mucha influencia del mundo secular, y el efecto de la fama que ya mencionamos, pero también aquí entra en juego el trueque entre lo absoluto y lo relativo ya que, si las verdades son personales, lo que las define no viene de afuera sino de adentro. Es decir, de nuestra propia percepción sensorial. Y *¿tienen algo de malo las sensaciones?*

UNA PERSONA DE CONVICCIONES FIRMES REGULA MEJOR SUS EMOCIONES, Y ENTONCES TOMA DECISIONES MÁS CONFIABLES

Claro que no, no tienen nada de malo en sí mismas, pero las sensaciones dependen de estímulos cambiantes, y por eso para desarrollar una voluntad firme no se puede depender de ese tipo de estímulos, sino de estímulos firmes, y obviamente sanos, como deben ser las convicciones. Una persona de convicciones firmes regula mejor sus emociones, y entonces toma decisiones más confiables. Sobre todo, cuando esas convicciones están ancladas en la palabra de Dios.

EL PELIGRO DE LA MONOCULTURALIDAD

Creer que nuestra cultura y nuestro ambiente social son la única referencia y el único marco de interpretación de la realidad es una severa desventaja. Te pone a la defensiva y me aleja del dialogo.

La historia de las misiones está llena de testimonios de mujeres y hombres de Dios que se encontraron con la belleza de ver a Jesús actuar en medio de una cultura diferente a la de ellos. Estas personas se dieron cuenta de que muchas de las cosas que creían importantes no lo eran tanto desde la necesidad del otro, y entendieron la multiculturalidad de un evangelio que responde a todas las necesidades humanas.

Siendo específicamente personal, yo tengo mucho que agradecer a Dios por haber estudiado en dos países diferentes, haber servido en congregaciones de distintos tamaños y denominaciones, y por la oportunidad que sigo teniendo de viajar continuamente. Viajar me ha permitido ver con ojos internacionales y escuchar con oídos regionales. Esto, a su vez, me permite leer tendencias de pensamiento en las

TODOS NECESITAMOS INTELIGENCIA CULTURAL PARA CUMPLIR CON LA MISIÓN QUE DIOS PUSO EN NUESTRAS MANOS

personas que lidero, y con esto puedo hacer una aplicación situacional de los distintos estilos de liderazgo para poder realizarlo mejor. También me reviste de misericordia, porque entiendo el por qué determinada palabra o acción ofende en un contexto, mientras en otro la misma palabra o acción pasa totalmente desapercibida. Siempre hay una historia contextual detrás, y saber leer ese marco de referencia me permite decidir mejor cómo debo hablar y conducirme en un contexto u otro.

Lo que quisiera dejar claro en este capítulo es que todos necesitamos inteligencia cultural para cumplir con la misión que Dios puso en nuestras manos, en particular respecto a las nuevas generaciones. La misión a las nuevas generaciones no siempre requiere saltos geográficos, pero sí demanda muchos saltos intergeneracionales y culturales. Sin descuidar lo micro, debemos tener una visión de lo macro, y esto no se reduce a que nuestras reuniones sean estéticamente más atractivas para las nuevas generaciones. Debemos comprender el marco de interpretación de nuestro público, y debemos tener muy presente la invitación que hizo Jesús a sus discípulos a ser la sal de la tierra y la luz que echa fuera la oscuridad (Mateo 5:13-15).

El autor de la carta a los hebreos conecta la encarnación de Cristo con una larga historia de Dios tomando la iniciativa por contextualizarse con la gente que ama, en formas culturalmente inteligentes. La carta comienza diciendo: «Dios, que muchas veces y de varias maneras habló a nuestros antepasados en otras épocas por medio de los profetas, en estos días finales nos ha hablado por medio de su Hijo...» (Hebreos 1:1-2). En otras palabras, el autor está destacando que la manera de Dios ha respetado tiempos distintos para comunicarse de manera distinta, y que en Jesús ha encontrado su manera más relevante de comunicarse. Como dice el evangelio de Juan, Jesús es el verbo de Dios. ¡Su encarnación es la máxima expresión de contextualización! El compromiso de expresar amor de manera que el otro pueda entender ese amor es uno de los principales distintivos del cristianismo, y diferencia nuestro acercamiento a la fe de cualquier otro acercamiento del resto de religiones planteadas por el hombre.

EL CRISTIANISMO ES MULTICULTURAL PORQUE JESÚS HABLA EL IDIOMA DE TODAS LAS CULTURAS

El cristianismo es multicultural porque Jesús habla el idioma de todas las culturas, y porque Él es la palabra que todos pueden entender, aun los niños.

Sin dejar nunca de mirar a Jesús, tenemos que mirar al mundo de las nuevas generaciones con ojos de contextualización. Debemos acercarnos con empatía y una mezcla dulce de compasión y comprensión, respetando sus gustos y armonías, y evitando el pecado de una monoculturalidad que impone y avasalla con costumbres que no tienen nada de sagradas.

EL IDIOMA DE DIOS

El idioma de Dios es siempre Jesús.

EL IDIOMA DE DIOS ES SIEMPRE JESÚS.

El gran filósofo y teólogo danés Soren Kierkegaard decía que amar a otra persona es ayudarla a amar a Dios y no puedo estar más de acuerdo con esa idea tan sencilla y a la vez tan profunda.

Es cierto que la cultura contemporánea ha invitado a millones a vivir abandonados al momento, e indiferentes a todo lo que requiera un estilo de vida que conlleve el riesgo de sentir dolor. Pero no todo es negativo. Las nuevas generaciones tienen la sospecha de que una experiencia espiritual genuina es posible, y debemos agarrarnos de esa sospecha con devoción.

La evangelización de los próximos años dependerá del testimonio amoroso mucho más que de contar con una buena lista de doctrinas azucarada con fórmulas evangelísticas.

ACTUAR CON INTELIGENCIA CULTURAL ES UNA INVITACIÓN A VOLVER A VIVIR EL EVANGELISMO DE LA IGLESIA DEL PRIMER SIGLO

Las nuevas generaciones quieren ver que yo vivo lo que predico, en un marco de referencia que ellos puedan interpretar. Que no se conformen con una explicación argumentativa, y quieran en cambio sentir algo especial, es una ventaja, y no solo un desafío, porque el evangelio es poder de Dios que pega en la mente y cautiva el corazón.

> *Los estudiosos de la posmodernidad hablan de un concepto muy importante: las estructuras de credibilidad. Según ellos, en el mundo posmoderno (caracterizado por tanta pluralidad de opciones y estilos de vida) solo tienen la posibilidad de sobrevivir aquellos que cuenten con una estructura de credibilidad que los soporte. Es decir, con una comunidad que viva y encarne los principios y valores que un estilo de vida en particular defiende y pregona. Dicho de otro modo, a menos que la iglesia sea una estructura de credibilidad para el evangelio, hay pocas o nulas esperanzas de que las nuevas generaciones lo abracen.*
>
> ***- Félix***

Actuar con inteligencia cultural es una invitación a volver a vivir el evangelismo de la Iglesia del primer siglo. Una vivencia cristiana de relaciones y del poder de la misericordia, como leemos en Hechos 2:44-47. Los tiempos que vivimos invitan a las familias cristianas a ser menos púlpito-céntricas y más abiertas y relacionales, para involucrar a las nuevas generaciones en nuestros hogares cristianos. El desafío que tenemos por delante es enamorar a los niños, preadolescentes, adolescentes y jóvenes de la posibilidad de ver, gustar y palpar un evangelio que se traduce a lo cotidiano, un evangelio del que puede hablar con sus amigos de escuela y que responde a las necesidades de todas las familias de una comunidad.

No estoy segura si somos suficientemente conscientes de cuanto de nuestra teología y cultura contribuye a las interacciones de la iglesia con nuestros contextos seculares. Los adolescentes y los adultos emergentes pueden sentir nuestra teología, aunque nunca usemos ese término.

Recluta a tu equipo de liderazgo y a algunos jóvenes secundarios y universitarios a discutir tres preguntas críticas:

¿Qué revelan explícita o implícitamente nuestras acciones y comunicados (Web, videos, mensaje, publicidades, horarios) al mundo externo acerca de nuestra identidad?

¿Qué es lo que creemos con exactitud acerca de cómo debemos interactuar con la cultura y el mundo a nuestro alrededor?

Si al comparar lo que creemos y lo que comunicamos notamos alguna inconsistencia ¿Qué podemos hacer para ser mejores vecinos donde Dios nos puso?

- Kara

Si te tomas el trabajo de releer las tendencias de cambio que hemos estado analizando en nuestra observación de la realidad, podrás observar que hay varias características de este tiempo que son simplemente neutras en términos morales, y que representan una oportunidad de mejoras para la Iglesia. Piensa por ejemplo en el cambio de educados a especialistas, y en las connotaciones prácticas que eso tiene para el desarrollo de los individuos y para la maximización de las posibilidades de tu congregación. Piensa en la tecnología, e imagina cómo puede ser una avenida para facilitar nuestra tarea de enseñanza, a la vez que nos permite conectar con el marco de referencia de las nuevas generaciones y generarles espacios para ser parte activa de la Iglesia.

La historia del pesebre y la cruz es el relato más determinante de la historia humana. Es la historia de Dios haciéndose hombre para hacerse relevante a una humanidad que lo necesita. Al mirar

LA HISTORIA DEL PESEBRE Y LA CRUZ ES EL RELATO MÁS DETERMINANTE DE LA HISTORIA HUMANA

las parábolas, resulta evidente que Jesús usó toda especie de códigos para resaltar su verdad. Y Pablo hasta usó el altar a un dios de un pueblo pagano para atraer la atención de una comunidad a Cristo (Hechos 17:22-24). Ahora nos toca a nosotros practicar esa inteligencia cultural para transmitirle el mensaje a las nuevas generaciones.

Así como una ciudad en lo alto de una colina no se puede esconder, la luz del evangelio en notros no puede quedar escondida en tradiciones inconsistentes con el contexto cultural en el que Dios decidió ponernos a brillar.

Capítulo 10

LA BELLEZA DEL CAMBIO

«La fe hace lo imposible. El amor hace todas las cosas más fáciles.»

Dwight L Moody.

Las claves de acción propuestas en este libro son esenciales para encaminar los ministerios de nuestras iglesias locales hacia los resultados que podemos y debemos alcanzar; y para terminar de ponerlas en marcha y resumir la interacción de los factores constantes en nuestros ministerios, hay cuatro cosmovisiones que juntos podemos convertir en el estándar:

- Pastoral pertinente
- Estrategia integrada
- Familia activa
- Discipulado intencional

Los enemigos que enfrentamos son enormes. Padres ocupados, métodos arcaicos, visiones enraizadas en tradiciones extranjeras, presupuestos insuficientes, y la invasión de valores culturales ajenos al evangelio en todos los frentes de ataque. Pero no podemos quedarnos en excusas. Instalar estas cosmovisiones en nuestras comunidades de fe es urgente, y es posible.

> ¡Sin miedo al cambio! La creación entera enseña que los seres vivos están en constante cambio y, no lo olvidemos, la Iglesia es descrita en la Biblia como un ser vivo, una familia, un cuerpo... ¡incluso cuando es descrita como un edificio, el mismo está compuesto por piedras vivas!

La biología nos enseña que los seres vivos cambian delante de dos grandes supuestos: la oportunidad para crecer, o la amenaza a su supervivencia. Además, para cambiar utilizan un mecanismo que se denomina «autorreferencia». Es decir, tienen muy claro cuál es su ADN, y por tanto pueden cambiar total y absolutamente su forma externa manteniendo intacta su identidad interna. El exterior puede ser difícil de identificar, pero el ADN sigue siendo exactamente el mismo. Permanece inalterable.

Esto es de urgente aplicación para la Iglesia de hoy. Debemos tener muy claro cuál es nuestro ADN, para que podamos afrontar el cambio sin ningún miedo a perder nuestra identidad. Si la identidad viene definida por nuestros programas, actividades, materiales, reglamentos, etc., entonces nos puede llegar a resultar imposible cambiar. Sin embargo, si nuestra identidad viene determinada por nuestra misión -ayudar a desarrollar a Jesús en la vida de las personas, y construir el Reino de Dios-, entonces podremos cambiar con gran facilidad, porque solamente deberemos responder a la pregunta «¿Cuál es la forma más eficaz y eficiente de llevar a cabo nuestra misión en este contexto en el que el Señor nos ha colocado?»

- Félix

LOS ENEMIGOS QUE ENFRENTAMOS SON ENORMES

En el primer apéndice que vas a encontrar al final del libro, encontrarás una guía de implementación considerando la perspectiva de los pastores, la de los líderes de jóvenes y la de encargados de niños. La guía incluye pasos prácticos para encaminar una transición en la arquitectura misional en nuestras congregaciones, pero antes de eso lo más importante es detenernos en el cambio de visión ya que los cambios de métodos y estrategias primero se gestan en el intelecto, el corazón y la imaginación de los líderes.

LA VISIÓN DE UNA NUEVA REALIDAD

Volvamos al diagrama básico de las dinámicas del liderazgo generacional:

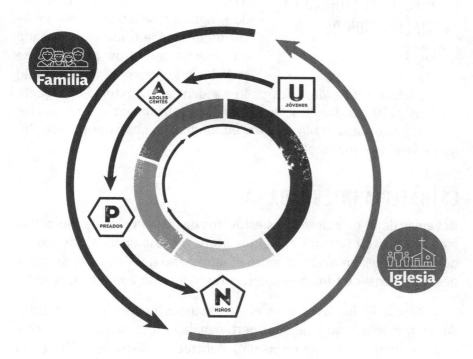

PASTORAL PERTINENTE

Cada fase del desarrollo necesita una pastoral pertinente. Podemos desarrollar programas y acercamientos siendo sensibles al diseño de Dios de cada etapa de la vida, y cuanto más información científica y experimental tengamos respecto a los públicos que servimos mejor lo podremos hacer. Amado pastor, líder, mamá, papá, o educador, camina por tu iglesia mirándola con los ojos de las nuevas generaciones. *¿Qué ven ellos en esas aulas, en esos pasillos, y en el santuario principal?* Imagina qué tipo de ambiente y protagonismo anhelan, y piensa

LOS CAMBIOS DE MÉTODOS Y ESTRATEGIAS PRIMERO SE GESTAN EN EL INTELECTO, EL CORAZÓN Y LA IMAGINACIÓN DE LOS LÍDERES

qué puedes hacer al respecto para involucrarlos tomando en cuenta la etapa en la que se encuentran.

En el diagrama no incluí la primera infancia porque en términos de programas la iglesia como institución no puede trabajar demasiado en directo con esos niños, sobre todo los más pequeños, aunque si lo puede hacer animando a los padres a dedicar esa atención urgente que sus hijos tan frágiles necesitan y comenzando a crear espacios para que ellos se sientan seguros en un ámbito cristiano ni bien llegan a la etapa pre escolar.

ESTRATEGIA INTEGRADA

Debemos dejar de plantear los esfuerzos de manera aislada. Necesitamos buenas transiciones entre una etapa y la siguiente y por eso no podemos tener un divorcio entre el ministerio de niños y el de jóvenes o no pensar en los preadolescentes y su paso a la adolescencia.

Debemos incluirlos a ellos en los equipos de servicio para brindarles protagonismo y generar pertenencia, y a la vez, para permitir que los menores tengan un modelo concreto y digno de imitar de la siguiente etapa de madurez que les toque vivir.

Quién hace esto muy bien es el Islam, sobre todo en lo grupos de confrontación que son considerados terroristas en occidente como el Estado Islámico y otros subgrupos. *¿Te preguntaste alguna vez cómo es que estos grupos amenazan a los principales poderes militares de la OTAN y resisten continuas contiendas sin que pese la diferencia abismal de armamento?* Esos jóvenes que vemos en las noticias están dispuestos a morir por su causa. La fortaleza de estos grupos no está en las armas sino en cómo adiestran y discipulan a sus nuevas generaciones. En otras palabras, mientras en occidente hacemos reuniones, ellos usan un modelo de orientación gradual muy similar a lo que estamos llamando liderazgo generacional dónde un niño de 12 adiestra a uno de 6 mientras otro de 18 comanda al de 12.

Hablar de «jóvenes» e incluir en esa descripción a los de 12 y a los de 30 debe quedar atrás. Lo que se hizo en el siglo pasado, se hizo en el siglo pasado. Llegó la hora de planificar mejores transiciones entre la niñez, la preadolescencia, la adolescencia y la juventud, y por eso es fundamental que quienes trabajen con estas edades puedan trabajar interconectados y con metas comunes supervisados por pastores involucrados en la visión de su congregación respecto al trabajo con las nuevas generaciones.

> HABLAR DE «JÓVENES» E INCLUIR EN ESA DESCRIPCIÓN A LOS DE 12 Y A LOS DE 30 DEBE QUEDAR ATRÁS

FAMILIA ACTIVA

La familia nunca puede estar en la periferia de nuestros ministerios, sino que debe estar en el centro de nuestra atención. Es imposible conseguir los poderosos resultados que debemos conseguir sin pensar en la relación entre las nuevas generaciones y sus padres. Los padres deben ganar protagonismo en nuestra visión ministerial, y es posible que los padres y los educadores hagamos el mejor equipo al acompañar a las nuevas generaciones en su formación espiritual.

> LOS PADRES SON LA PRINCIPAL INFLUENCIA EN LA VIDA DE LOS HIJOS, PERO NO SON LA ÚNICA QUE ELLOS NECESITAN

Los padres son la principal influencia en la vida de los hijos, pero no son la única que ellos necesitan y ahí es donde la iglesia puede jugar un rol protagónico en la socialización de las nuevas generaciones hacia una adultez madura. Los educadores cristianos de todo nivel debemos abrazar la atención prioritaria que deben tener las nuevas generaciones. Una iglesia que no hace eso, envejece sin recambio generacional y pone en juego su futuro y el de las nuevas generaciones que tenía la oportunidad de afectar.

DISCIPULADO INTENCIONAL

Repitámoslo por enésima vez: La meta de la Iglesia no es hacer y llenar reuniones. Nuestra misión es hacer discípulos, y los discípulos de Jesús son buenos ciudadanos, buenos empleados, buenos empleadores, buenos emprendedores que generan mejoras sociales, y buenos padres.

Muchos de los estudiantes entrevistados para las distintas encuestas del Instituto del Ministerio juvenil de Fuller aceptaron que pusieron su fe en «veremos» durante los años de universidad para poder divertirse durante esta etapa pensando que quizás cuando llegaran a su adultez estarían a tiempo de recuperarla, lo que traducido significa que su entorno cristiano les enseñó que la fe no es compatible con una vida trascendente, diversión ni una vida abundante y menos que menos con un tiempo de cristianismo que tenga algún tipo de consecuencia social positiva. Esto debe cambiar porque un cristianismo que no sirve, «no sirve» y por eso es tan crucial la tarea de la iglesia y los cambios de paradigma que Lucas está proponiendo.

- Kara

Una iglesia que sepa impactar a las nuevas generaciones con astucia y fidelidad no solamente tendrá una congregación vibrante, sino que también afectará su entorno. ¡Nuestras comunidades necesitan iglesias así! Las escuelas y los colegios, los barrios y los gobiernos, ¡Todos necesitan iglesias así! Congregaciones que rescaten, nutran y alteren el curso de vida de las nuevas generaciones, logrando que más y más niños, preadolescentes, adolescentes y jóvenes lleguen a una adultez madura en Cristo.

Dios cree en el discipulado de las nuevas generaciones más que nosotros. Podemos descansar en su gracia, pelear sus peleas con sus fuerzas, y arrojarnos confiadamente a la visión audaz del liderazgo generacional.

DIOS CREE EN EL DISCIPULADO DE LAS NUEVAS GENERACIONES MÁS QUE NOSOTROS

EL CIELO ESTÁ ATENTO

Nada importante se hace de repente, e inevitablemente vamos a pasar por dificultades y conflictos, pero esta misión merece el sacrificio. Elijamos bien nuestras batallas. Mi consejo es que mires a tu entorno con ojos de compasión y no pelees por cosas intrascendentes, aunque definitivamente deberás confrontar los desafíos con entereza.

Es imperativo eliminar cualquier posibilidad de convertirnos en líderes que rendimos culto al ídolo del miedo. Podemos y debemos enojar al diablo y a una religión sin Jesús, violentando la inercia.

Lo sabes. Siempre es mejor fracasar a los ojos de los hombres, que fallar en cumplir la tarea para la que Dios te convocó.

Revisa la historia y podrás observar que la cocción de una revolución comienza con una idea a la que se le agrega una porción de pasión batida con ciencia, y se sazona con la salsa de mucha perseverancia, para que así llegue a gustar a los paladares de incluso aquellas personas a las que solo les gusta comer lo de siempre.

VAMOS A PASAR POR DIFICULTADES Y CONFLICTOS, PERO ESTA MISIÓN MERECE EL SACRIFICIO

Así ha pasado con todos los cambios de paradigma, y la implementación del liderazgo generacional no va a ser la excepción.

En los cielos hay gran expectativa respecto a lo que vas a hacer con tu ministerio a partir de hoy. Los ángeles casi se caen de las nubes por ver qué va a hacer la Iglesia ahora.

Jesús de Nazaret, gobernante absoluto del universo, está sentado en su trono, atento a ver si la Iglesia va a poner o no su atención en las nuevas generaciones como la situación lo demanda. Otros pensarán que lo verdaderamente importante ocurre lejos de donde tú estás, pero el cielo sabe que tu decisión de desarrollar una visión de liderazgo generacional es vital.

La promesa de Dios sigue siendo la misma:

> «¡Voy a hacer algo nuevo!
>
> Ya está sucediendo, ¿no se dan cuenta?
>
> Estoy abriendo un camino en el desierto,
>
> y ríos en lugares desolados.» (Isaías 43:19)

Confía en quien ama a las nuevas generaciones más que nosotros. Sea cuál sea tu rol: Él te llamo a ellos. **NO TE DETENGAS.**

PREGUNTAS Y RESPUESTAS DE IMPLEMENTACIÓN

Las visiones no tienen pies. No caminan solas y menos que menos pueden correr. A las visiones hay que levantarlas, llevarlas en brazos y ponerlas en lugares visibles bien iluminados para que otros las vean y quieran llevarlas también...

Quienes caminamos somos nosotros y quienes logran que una visión avance, también; y por eso, creí importante llevar la practicidad de este libro todavía más allá compartiendo algunas ideas de implementación respondiendo preguntas que anticipo que van a surgir al intentar llevar esta visión a la realidad.

Sería una lástima leer este libro y pensar que aquí hay buenas ideas, pero no hacer nada al respecto. En un sentido bien práctico, las ideas, los conceptos y las filosofías no hacen nada. Los líderes somos quienes ejecutamos las ideas y materializamos las filosofías y es increíblemente decepcionante cuando las buenas ideas no ven la luz porque algunos de nosotros somos buenos en la teoría, pero débiles en el plan de acción.

La primera pregunta que debemos responder es....

¿POR DÓNDE EMPEZAR?

Probablemente tu iglesia local ya esté practicando algo de lo que propusimos en este libro. Yo no creo que quienes hablamos de liderazgo generacional estamos reinventando la pólvora sino tan solo planteando un mejor ordenamiento de notas que ya todos conocemos.

Quienes saben de música, pueden explicar mejor que yo que ordenando las mismas notas de diferentes maneras uno puede producir armonías y piezas musicales diferentes y el punto aquí es cómo podemos producir la mejor armonía con las mismas notas que ya tenemos antes de agregar algunas nuevas.

Materializar la visión del liderazgo generacional en el mundo real de tu congregación debe comenzar en oración y compartiendo las preguntas con que comenzó esta investigación con otras personas claves de tu congregación.

Si eres el pastor, estás en ventaja porque te será más fácil cambiar la arquitectura u orden de las notas del trabajo de tu iglesia. Si eres un líder de jóvenes o la encargada del ministerio de niños comienza por asegurarte que tu pastor lea también estas páginas.

De hecho, un buen principio para comenzar a implementar lo que aquí describimos es que la mayor cantidad de personas claves en el liderazgo de tu congregación lean este material al mismo tiempo. Ese ejercicio va a sincronizar las ideas y les ayudará a plantear un plan de trabajo más claro y preciso para implementar los cambios que sean necesarios.

La segunda pregunta es

¿CUÁNDO EMPEZAR?

Y la respuesta NO es cuanto antes. Como hablamos en el capítulo del plan estratégico, los cambios se deben hacer con elegancia y los cambios más importantes ser planteados en un proceso.

Cuando como resultado de la investigación de la neurociencia le anuncié a nuestro equipo de trabajo que íbamos a cambiar el nombre de nuestro ministerio de Especialidades Juveniles a Especialidades 6-25 debido a la ventana de la educación formal que va de los 6 a los 25 años, planeamos una transición. En el plan primero hubo meses de preparación dónde ambos nombres y marcas convivieron y pusimos una fecha para lanzar oficialmente el nuevo nombre del ministerio y explicar en una conferencia de prensa el cambio y dar el anuncio. Buscamos una ocasión ideal y decidimos hacerlo con un primer evento especial de dialogo con pastores generales que dimos en llamar el Foro Hispano de Liderazgo Generacional y movimos las piezas para que sea en un lugar especial y por gracia de Dios lo pudimos hacer nada más y nada menos que en la Universidad de Princeton.

Mientras preparábamos el evento de lanzamiento también trabajamos en la nueva página web que presentamos el día del anuncio, pero hasta que esto sucedió seguimos manteniendo el servicio de la anterior que recién desaparecimos ese día.

No cuento esto porque esté proponiendo cambiar nombres o hacer un evento especial en una institución académica, sino porque 1. Creo que los cambios se deben planear en transiciones y 2. Hay que ubicar las ocasiones ideales que en el caso de una congregación local puede ser al regreso de las vacaciones de verano o el comienzo de clases o a partir de enero del año entrante.

Louis Pasteur, el científico al que le debemos el proceso de «pasteurización» lo dijo muy bien: «La oportunidad favorece a la mente preparada». Cuando preparamos un plan de transición con tiempo y comenzamos cuando estamos listos, las oportunidades se aprovechan mejor.

¿CÓMO DIVIDIR LAS EDADES?

En la mayoría de iglesias de Hispanoamérica tenemos por un lado al ministerio de niños y por el otro al de jóvenes que no distingue preadolescentes, adolescentes, jóvenes o jóvenes saurios...

En el libro explicamos la ciencia detrás de marcar los 25 años y creo que ese debe ser el comienzo más natural en la determinación de edades, aunque no estoy seguro que a la mayoría de iglesias le convendría hacer un cambio de arquitectura de manera gradual.

Creo que es mejor plantear un cambio de categorías o arquitectura con tiempo y lanzar todos los cambios al mismo tiempo, pero si se prefiere hacer en partes, sin dudas esa debe ser la primera división y la siguiente puede ser separar a los preadolescentes y adolescentes por un lado y a los mayores de 18 por el otro.

En cuanto a dividir a los preadolescentes del ministerio de niños o del ministerio de adolescentes según sea la practica hasta ahora en tu congregación, con esa etapa es que tenemos la arena de más grises porque aunque en el libro hablo de los de 11 y 12 aquí se nota mucho la diferencia entre mujeres y hombres que es más bien entre los 10 y los 12 en las mujeres y entre los 11 y los 13 en los hombres. Admito esto porque si bien creo que cada iglesia debe establecer números claros para facilitar las transiciones de un ministerio al otro, no es trágico si unos deciden hacerlo a partir de los 10 y otros a partir de los 11. En distintos países hay distintos cambios de etapa escolar y ese puede ser un buen parámetro para que hagan sentido las categorizaciones que hagamos.

Lo importante es llegar al ideal de tener cada fase bien marcada y que no haya una zona gris cuando un estudiante debe pasar de un grupo al siguiente. Esos grises suelen generar dudas y competencias entre ministerio y por eso es mejor evitar el conflicto con una división marcada cuando se termina el ciclo escolar como hacen los clubes de deportivos con los cambios de categorías.

¿QUÉ HACEMOS CON LOS MAYORES DE 26?

La propuesta del liderazgo generacional no es descartarlos sino graduarlos para que abracen su adultez. Y claro, ningún molde es perfecto para todos y la iglesia tendrá que revestirse de inteligencia también para seguir pastoreando a los solteros de más de 26, pero una posibilidad es involucrarlos ahora en el ministerio generacional ya no como consumidores sino como líderes y mentores (aunque hay que asegurarse que tienen su espacio de interrelación pastoral con los de su edad).

¿Y SI SOMOS UNA IGLESIA PEQUEÑA?

La visión del liderazgo generacional no tiene directamente que ver con el tamaño de una iglesia sino con el correcto pastoreo de las nuevas generaciones que tenemos a nuestro cargo.

Si el temor es que hay poquitos de cada uno como para hacer ministerios separados, no necesariamente hay que dividirlos en reuniones distintas, sino que podemos dividirlos durante la misma reunión. El ministerio de preadolescentes y el de jóvenes pueden compartir la alabanza y los juegos, pero separarse en grupos pequeños para discutir el tema de la reunión según sus propias necesidades en rincones distintos del mismo templo. De esta manera optimizaremos los recursos que tenemos disponibles y generaremos los espacios cohesivos para trabajar en la formación espiritual de cada uno acorde a su nivel de madurez.

La buena noticia es que cuando las nuevas generaciones se sienten bien contenidas, son contagiosas así que haciendo esto tienes más posibilidades de que tu ministerio se multiplique.

¿CÓMO EJECUTAR LAS MEJORES TRANSICIONES?

Con bienvenidas y graduaciones. Cuando un estudiante debe pasar de un ministerio al otro, no puede ser algo que pase desapercibido. Debe haber una despedida al fin de año y una bienvenida cuando comience el siguiente ciclo de reuniones.

Con esto también infiero que es una oportunidad desaprovechada no tener vacaciones de las reuniones y programas. Recordemos que Dios no atiende en el templo los fines de semana y alternar ciclos de reuniones no ofende a un Dios que está más pendiente de nosotros y lo que hacemos todos los días que de que algunas semanas al año no tengamos reunión.

¿CÓMO RECLUTAR Y ORGANIZAR AL MEJOR EQUIPO DE TRABAJO?

En los capítulos del libro repetimos varias veces que debemos sumar adultos en el ministerio de nuevas generaciones y también destacamos la necesidad de exponer a las nuevas generaciones a modelos matrimoniales.

También hablamos de sumar modelos del siguiente nivel de madurez y por eso debemos pensar en cómo sumar a algunos preadolescentes como voluntarios en el ministerio de niños, algunos adolescentes en el ministerio con los pres y a jóvenes en el ministerio de adolescentes.

Claro que no todos pueden ser líderes, pero debemos estar seguros que cuantos más lideres tengas, mejor pastoreados estarán tus nuevas generaciones.

Haz convocatorias abiertas e implementa entrevistas de trabajo para elegirlos. Inspecciona no solo habilidades sino motivaciones. *¿Por qué alguien quiere estar en ese ministerio?* Establece plazos. Que ofrecer y aceptar una posición no sea por tiempo indeterminado. Si hablamos de encargados de arenas que el compromiso sea por al menos 3 años para crear longevidad y consistencia en los ministerios, pero si hablamos de servidores y voluntarios que ayudan con tareas más generales el compromiso puede ser anual y renovarse cada año de ser necesario.

Mi observación práctica de los equipos ideales es que la arquitectura del liderazgo generacional permite resumir la responsabilidad del liderazgo infantil y a la juventud en un solo matrimonio que supervise todo el trabajo generacional y que este matrimonio será el que reclute a líderes para las arenas.

Y hablemos claro... querido pastor, ésta también puede ser una ventaja para el presupuesto de la iglesia. Contar con una pareja de pastores generacionales que vinculen a los equipos de las cuatro arenas desde la niñez a la juventud es más barato que intentar tener encargados de niños y pastores de jóvenes a sueldo en su congregación. Aunque claro, a medida que el ministerio crece y si tiene posibilidades de hacerlo, eventualmente puede llegar a tener un staff completo pensando en las arenas debajo de los **pastores generacionales**.

¿QUÉ ES LA NEUROCIENCIA?

Quizás esta no sea una pregunta de implementación práctica, pero al comenzar a hablar de estos cambios posiblemente algunos adultos se interesen en indagar exactamente de qué estamos hablando y por eso respondo que la neurociencia es el estudio interdisciplinario del sistema nervioso cuya meta principal es el entendimiento del cerebro en relación a la conducta.

El entusiasmo en este campo surge del intento de descubrir y explicar el órgano que define al ser como individuo controlando sus acciones, generando sus emociones y editando sus memorias ya que hoy gracias a la tecnología se pueden ver o leer los movimientos neuronales en tiempo real lo que permite aprender como el cerebro se comporta ante diferentes estímulos y acciones.

¿CÓMO INVOLUCRAMOS A LOS PADRES?

Convoca a una reunión especial de padres y comienza explicándoles de qué se trata la visión del liderazgo generacional. (Puedes usar el video del diagrama básico del Liderazgo Generacional que se puede descargar en la zona premium de e625.com).

En esa primera reunión enamóralos de la alianza estratégica que van a poder hacer juntos para la formación espiritual de las nuevas generaciones. Explícales el plan de acción y cuándo comenzarán los cambios concretos en el ministerio, pero asegúrales que fuera de toda estructura, esto comienza con una sociedad espiritual.

Pregúntale a los padres cómo puedes apoyarlos en el desarrollo espiritual de sus hijos. El solo hecho de que les hagas esa pregunta los llamará a la reflexión.

Según sus criterios *¿Cuál es la mayor necesidad de sus hijos y qué puedes hacer para ayudarlos? ¿Cómo puedes orar por sus familias?* Tiene mucho más efecto el trabajo con las nuevas generaciones cuando los líderes de la iglesia y los papás están orando por las mismas necesidades.

Sé intencional en sumar a la iglesia como recurso a los papás y ellos estarán mucho más abiertos a apoyar las necesidades del programa de la congregación y dar la mano con su tiempo y recursos cuando se requiera.

Cuando todo comience a implementarse crea actividades al menos anuales donde las nuevas generaciones y sus padres puedan servir mano a mano. Cuando las nuevas generaciones sirven junto con sus padres, el impacto es triple en sus vidas porque para ellos servir es una aventura, los padres sirven también y además lo hacen juntos, así que ganamos todos.

Apéndice II

LIDERAZGO GENERACIONAL Y TEOLOGÍA

Hay verdades y doctrinas que deben ser internalizadas por cada miembro de la Iglesia, y no hay mejor ocasión para que eso ocurra que durante el proceso de maduración que va de la niñez a la juventud.

A mí me entristece cuando en algunos escenarios escucho que se da entender que teología es sinónimo de algo aburrido y sin relevancia práctica. Definitivamente no lo es. La teología condiciona la experiencia cristiana. Lo que creemos acerca de Dios y de nuestra fe, afecta de manera directa tanto nuestra manera de escuchar su voz y si abrazamos o rechazamos sus propuestas. Por eso, todos los cristianos debemos darle importancia a edificar personalmente una teología bíblica.

Más allá de los programas contemporáneos, las relaciones de amistad, las técnicas pedagógicas y las tácticas de liderazgo, hay algo que no se puede descuidar, y esas son las doctrinas básicas de nuestra fe.

El conocido pensador y escritor peruano Samuel Escobar escribió hace muchos años que «las iglesias evangélicas son en primer lugar una realidad teológica. Se conciben a sí mismas como expresiones del pueblo de Dios en la tierra y se definen de acuerdo a términos bíblicos como cuerpo de Cristo, familia de Dios, real sacerdocio, pueblo adquirido».[1]

---

1   (Escobar 1977:44)

A veces me asusta ver sectores de la Iglesia que conocen más canciones cristianas que textos bíblicos fundamentales. Ese es parte del desafío y la oportunidad que nos presenta el liderazgo generacional. Nuestros ministerios se hacen más vibrantes espiritualmente cuando los maestros y los estudiantes aprendemos juntos la palabra de Dios, y edificamos una disciplinada estructura teológica que podamos compartir con seguridad.

¿Quién es Dios? ¿Y cuáles son sus intenciones? Son dos preguntas básicas que dan origen a toda la teología judeocristiana, y también a los fundamentos bíblicos del ministerio generacional.

Entre las muchas cosas que la Biblia resalta acerca de la personalidad de Dios, quizás la más concisa sea la más clara: Dios es amor (1 Juan 4:8). Ese amor, en lo que a nosotros concierne, alcanzó su clímax en el sacrificio de Cristo en la cruz (Juan 3:16). *¿Por qué murió Cristo?* Porque quiere salvarnos de la paga del pegado, que es la muerte (Romanos 6:23; 2 Pedro 3:9) y tal vez pueda parecer innecesario mencionar estos principios cómo apéndice de este libro, pero lo cierto es, que en un tiempo donde la producción de shows es una de las industrias más rentables del planeta y los lideres empiezan a sentir cada vez más fuerte la presión de la multiplicación numérica, hace falta insistir en lo central del evangelio.

Cada ministerio de niños, preadolescentes, adolescentes y jóvenes debería transmitir claramente las respuestas a esas primeras dos preguntas, pero no podemos quedarnos allí.

LOS GRANDES TEMAS

Los siguientes grandes temas deben ser revisados una y otra vez en nuestros ministerios para edificar una teología bíblica bien fundamentada.

1. DIOS

¿Quién dice Él que es? Lo primero que Dios revela en su escritura es a Él mismo. Pronombres personales, antropomorfismos y su carácter revelado en su trato con los seres humanos nos exponen a Dios mismo expresado en las tres personas de su trinidad. Es vital escuchar lo que Dios tiene que decir acerca de sí mismo, y por eso los atributos de cada persona de la trinidad deben de constituir fundamentos teológicos fundamentales de nuestros ministerios. Una idea interesante para seguir como programa de enseñanza son los nombres de Dios y sus significados.

2. CRISTO

La persona de Cristo es el eje central de nuestra fe, y debe ser el marco doctrinal a través del cual se interpretan todas las otras verdades. Como explicaba en el capítulo sobre la inteligencia cultural, Jesús es el lenguaje de Dios. Él es el modelo, la brújula y el mapa de la conducta cristiana, y las nuevas generaciones deben aprender con claridad que Jesús es inevitable, incluso más allá de nuestras experiencias religiosas. Jesús está en el calendario, en la génesis de la historia de Europa, en la confluencia de religiones semitas, en las carabelas que cruzaron el Atlántico para descubrir el Nuevo Mundo, en los peregrinos que fundaron América del Norte y en los Jesuitas que acompañaban a los buscadores de oro en las selvas del Cono Sur. Jesús sigue apareciendo en los discursos políticos y en los de los artistas que reciben un Oscar o un Grammy por sus películas o canciones. Su persona da nombre a países y a docenas de ciudades. Jesús sigue siendo película, y obra de teatro de Broadway. Sigue siendo canción, industria, literatura y pintura. Sigue estando en una taza de leche que recibe un huérfano, en la mano que toca a un leproso en Calcuta, y en la persona que visita a un anciano sin familia en un hospital público. Y como si todo esto fuera poco, nuestras creencias acerca de su deidad y su humanidad determinan no solo nuestra ética en la tierra, sino nuestro destino eterno.

3. ESCRITURAS

La Biblia es una carta de invitación para conocer a Dios y su voluntad. Ella misma dice «Así que la fe viene como resultado de oír el mensaje, y el mensaje que se oye es palabra de Cristo» (Romanos 10:17). Hay algo milagroso al comunicar las escrituras bajo la unción del Espiritu Santo.

La importancia de la Biblia debe ser reconocida y enseñada a cada generacion y una de las mejores formas de hacerlo con una generación que prefiere las relaciones y prefiere lo experimental, es enfocarse en el uso de las historias. Es muy probable que cuando Jesús escogió comunicarse con parábolas lo haya hecho para darle mayor atemporalidad a sus verdades, y hacerlas relevantes a distintas culturas en distintas épocas. Nuestra misión como lideres generacionales es lograr mostrar que las escrituras son atractivas y relevantes para la vida cotidiana.

4. HUMANIDAD

Una sana antropología bíblica debería ser otro de los bloques donde apoyemos nuestros ministerios. Muchas veces los cristianos estamos tan enfocados en lo que la gente debería hacer, que prestamos muy poca atencion a qué es lo que la gente está haciendo y por qué dicen que lo hacen. *«Los buenos antropólogos tratan de descubrir lo que ya está ahí antes de teorizar acerca de lo que la gente debería hacer»*[2]. No digo que debieramos convertirnos en «antropólogos» en todo el sentido de la palabra, pero sí podemos aprender a definir, según la Biblia y lo que vemos en nuestras comunidades, cuál es la condición del ser humano y cuales sus neecesidades.

Una antropología de este tipo no solo resulta un buen fundamento, sino que la investigacion necesaria puede volverse muy emocionante para cualquier grupo de nuevas generaciones si se establecen

---

2   (Kraft 1996:4).

métodos creativos de recolectar información y si se les deja relfexionar creativamente al respecto. *¿Qué es lo que ya dijo Dios acerca de la condición del hombre y la mujer?* Esta es una pregunta muy importante en medio de una sociedad cristiana pop donde pareciera que solo queremos halagar a los clientes evitando los standares de moralidad.

5. PECADO

De cada punto se va desprendiendo el siguiente, y en este caso el pecado es parte de la respuesta a la última pregunta. Con la base de la búsqueda de la «Nueva Era» que se asentó en las elites culturales hace ya varios años atrás o el ya mencionado individualismo y relativismo reinantes desde la posmodernidad, una definición clara del pecado debe estar presente. En muchas ocasiones, y debo decir en muchas congregaciones, a los niños, y en especial a los adolescentes, se les habla mucho de los pecados, pero poco de «el pecado» como realidad esencial. También, al hablar sobre cuáles son los pecados a los que está expuesta la nueva generación, hay que tener cuidado de ser bíblicos y de no tildar de pecado cosas que simplemente no son atractivas a nuestros propios ojos y costumbres. Otro de los requisitos es no caer en condenar sin ofrecer salida. Siempre debemos ser sensibles a la condición actual en la que se encuentran las personas, y enfocarnos en la restauración, aunque dejemos claro que allí se llega a través del arrepentimiento y por eso hay que llamar a lo malo, malo sin atajos.

6. REDENCIÓN

¿Cómo librarse del dominio del pecado? La nueva identidad en Cristo debe ser substanciosamente explicada. *¿Cuáles son los alcances de la salvación? ¿Cuáles sus consecuencias inmediatas y mediatas?* Me he topado con demasiados hijos de creyentes nacidos en el seno de la Iglesia que llegan a la adolescencia sin una idea clara acerca de la salvación. Me gusta la descripción de evangelismo que hace el profesor Charles Van Engen en su libro *«Mission on the Way»* (La misión en el camino). En él, este profesor de teología de la misión dice que

«la evangelización debe ser fe-particularista, culturalmente-pluralista y eclesiológicamente-inclusivista»[3]. La declaración: «Jesucristo es el Señor» no tiene competencia, y por eso nuestro evangelismo no se parece al mensaje de ninguna otra religión. Somos distintos, particulares. A la vez, hay muchas maneras y formas de disfrutar de las consecuencias de la redención y de expresar esa fe. Por eso debemos ser culturalmente pluralistas.

Por último, es un interés en el crecimiento del reino de Dios en la tierra lo que debe perfumar nuestra práctica evangélica, y por eso debemos siempre recordar que las iglesias locales existen para seguir incluyendo gente en la Iglesia de Cristo.

7. COMUNIDAD DE FE

¿Qué es la Iglesia? ¿Para qué sirve? ¿Qué debe producir? John Stott también decía: «La Biblia entera es rica en evidencia del propósito misionero de Dios»[4], y por eso en el libro analizamos detalladamente los propósitos del ministerio. Sin conocer la verdadera naturaleza de la Iglesia es imposible disfrutarla y edificarla según su diseño divino. Un ministerio a las nuevas generaciones que no tenga un basamento eclesiológico sólido carecerá de objetivos trascendentes y cultivará una generación desorientada que terminará produciendo iglesias desorientadas.

8. ESPÍRITU SANTO

¿Quién es el Espíritu Santo? ¿Cuál es su función? ¿Cómo vivir en el Espíritu? Es imposible vivir la vida cristiana sin el poder del Espíritu Santo. El fruto del Espíritu (Gálatas 5:22-25) es la señal del verdadero cristianismo, y sin su guía y ayuda es imposible cumplir con los propósitos de Dios para la Iglesia. Sin una doctrina sólida respecto

---

3   (Van Engen 1996:183-187)

4   (Stott 1979:10)

del Espíritu Santo, la Iglesia se tambalea entre el extremo de entender al Espíritu como una energía mística que solo poseen algunos con dones espectaculares, y el extremo de verlo como un sello sin ninguna connotación práctica.

9. MISIÓN

En Efesios 2:10 el apóstol Pablo deja en claro que somos ingeniería de Dios, diseñada para buenas obras. Todo cristiano tiene un llamado que es una moneda con dos caras: por un lado, parecerse más a Jesús (Romanos 8:29; Efesios 4:13), y por el otro, ser de bendición a los demás (1 Pedro 2:9; Efesios 1:12-14). Son dos realidades que van de la mano. Las nuevas generaciones necesitan aprender y abrazar el hecho de que ese llamado se experimenta de diversas maneras y se manifiesta en distintas formas, pero que es para todos aquellos que reconocemos a Jesús como nuestro Salvador y nuestro Señor. En palabras también de Pablo: «Y todo lo que hagan, de palabra o de obra, háganlo en el nombre del Señor Jesús, dando gracias a Dios el Padre por medio de él.» (Colosenses 3:17)

Por último, en este apéndice, estos nueve temas no pueden quedarse en conocimientos teóricos e imprácticos. Dos tipos de aplicación deben acompañarlas:

A. **Aplicaciones personales**: *¿Qué significa cada uno de estos temas para la vida de los líderes (¿qué significa para ti?) y para la vida de las nuevas generaciones?*

B. **Aplicaciones ministeriales**: *¿Cómo se encarna cada uno de estos puntos en la vida del ministerio del cual formamos parte?*

La teología personal de quienes enseñamos tiene un fuerte efecto sobre quienes aprenden de nosotros, ya que en todo lo que enseñamos y en todo lo que hacemos estamos comunicando nuestra teología. Es por esa razón que edificar convicciones claras sobre estos nueve grandes temas evitará que sumemos más confusión a una generación que ya recibe demasiados mensajes contradictorios.

Los capitanes de los barcos de la antigüedad se ataban la brújula a su cuerpo cuando estaban en medio de una tormenta. De igual manera, los líderes generacionales debemos atarnos la Biblia a nuestras vidas para discernir en cada momento el camino de la voluntad de Dios y guiar a esta generación a puerto seguro.

BIBLIOGRAFÍA

Aamodt, Sandra y Sam Wang.

2011   Welcome to Your Child's Brain (Bienvenido al cerebro de tu hijo). New York, NY: MJF Books.

Anderson, Neil, y Rich Miller

1997   Leading Teenagers to Freedom in Christ (Guiando adolescentes a la libertad en Cristo). Ventura, CA: Regal Books.

Anthony, Michael J.

2006   Perspectives on Children's Spiritual Formation (Perspectivas en la formación espiritual de los niños). Nashville, TN: B&N Publishing Group.

Arthur, Chris (Ed.)

1993   Religion and the Media (La Religión y los Medios), Cardiff, Wales: University of Wales Press.

Barchetta, Carmen

1994   «Adolescentes 1994.» En Quehacer Femenino 128:5-6.

Barna, George

1995   Generation Next (La próxima generación). Ventura, CA: Regal Books.

1997   Leaders on Leadership (Líderes sobre liderazgo). Ventura, CA: Regal Books.

2001   Real teens (Adolescentes reales).Ventura, CA: Regal Books – Youth Specialties.

Bauer, Susan Wise y Jessie Wise.

2009   The Well-Trained Mind (La mente bien entrenada). New York, NY: W. W. Norton & Company, Inc.

Berzonsky, Michael D.

1981   Adolescent Development (Desarrollo Adolescente). New York, NY:
Macmillan Publishing Co., Inc.

Blake, R. R. y Mouton, J.S.

1964   The Managerial Grid (La cuadrícula administrativa). Houston, TX:
Gulf.

Boshers, Bo

1997   Student Ministry for the 21st Century (Ministerio estudiantil para el
siglo veintiuno). Grand Rapids, MI: Zondervan Publishing House.

Brister, C. W.

1988   El cuidado pastoral en la Iglesia. El Paso, TX: Casa Bautista de Publi-
caciones.

Cimo, Pat y Markins, Matt.

2016   Leading KidMin (Liderando el ministerio de niños). Chicago, IL:
Moody Publishers.

Clinton, J. Robert

1986   Leadership Emergence Patterns (Patrones del liderazgo emergente).
Altadena, CA: Barnabas Resources.

Clark, Chap

1997   The Youth Worker´s Handbook to Family Ministry. (Manual del Ministerio Familiar para trabajadores juveniles). El Cajón, CA: Youth
Specialties.

Daniel J. Siegel, M.D.

2015   Brainstorm: the power and purpose of the teenage brain (Lluvia de
ideas: el poder y el propósito del cerebro adolescente]. New York,
NY: Jeremy P. Tarcher/Penguin.

Dean, Kenda Creasy, Chap Clark y Dave Rahn

2001   Starting Right (Empezando bien). El Cajon, CA: Youth Specialties.

Deiros, Pablo A.

1997   Diccionario Hispanoamericano de la Misión. Miami, FL: Comibam Internacional, Editorial Unilit.

De Pree, Max.

2001   Called to Serve: Creating and Nurturing the Effective Volunteer Board (Llamados para servir: creando y nutriendo un grupo efectivo de voluntarios). Grand Rapids, MI: Wm B. Eerdmans Publishing Co.

Dettoni, John M.

1993   Introduction to Youth Ministry (Introducción al ministerio juvenil). Grand Rapids, MI: Zondervan Publishing House.

1997   Philosophy and Models of Youth Ministry (Filosofía y modelos de ministerio juvenil). CF 540, material de clase. Pasadena, CA: Seminario Teológico Fuller, Escuela de Misión Mundial.

Devries, Raúl A. y Alicia Pallone de Devries

1995   Adolescencia, desafío para padres. Buenos Aires: Paidos.

Diaz, April L.

2013   Redefining The Role of The Youth Worker (Redefiniendo el rol del líder juvenil). The Youth Cartel.

Dunn, Richard R.

1997   A Theological Framework for Doing Youth Ministry (Un marco teológico para hacer ministerio juvenil). En Reaching a Generation for Christ (Alcanzando una generación para Cristo). Richard R. Dunn y Mark H. Senter, eds. Chicago, IL: Moody Press.

Escobar, Samuel

1977   Irrupción juvenil. Miami, FL: Editorial Caribe.

Fiedler, F.E.

1967   A Theory of Leadership Effectiveness (Una teoría de la efectividad del liderazgo). New York, NY: McGraw-Hill.

Fields, Doug

2000   Ministerio de Jóvenes con Propósito. Miami, FL: Vida/Especialidades Juveniles.

2002   Your First Two Years in Youth Ministry (Tus primeros dos años en el ministerio juvenil). El Cajon, CA: Youth Specialties.

Freberg, Laura A.

2015   Discovering behavioral neuroscience (Descubriendo la neurociencia de la conducta). MA: Wadsworth Publishing.

Gallagher, Roswell J.

1983   «Impacto que causan los familiares, maestros y compañeros sobre los adolescentes.» En Medicina de la Adolescencia. Jerome T. Y. Shen, ed. Pp. 20-27. México D. F.: Editorial El Manual Moderno S. A.

Hersey, Paul, Kenneth Blanchard y Dewy E. Johnson

1996   Management of Organizational Behavior (Administración del comportamiento organizacional). Upper Saddle River, NJ: Prentice Hall.

Jeeves, Malcom y Warren S. Brown

2009   Neurociencia, psicología y religión. Navarra, España. Editorial Verbo Divino.

Jensen, Frances E. y Amy Ellis Nutt.

2015   The Teenage Brain (El cerebro adolescente). New York, NY: Harper Collins Publishers.

Joiner, Reggie

2009   Thnk orange (Piensa en naraja). GA. Orange Books.

Joiner, Reggie y Kristen Ivy

2015   It´s just a phase, so don't´miss it (Es solo una fase, así que no te la pierdas). GA. Orange Books.

Kageler, Len.

2008   The Youth Ministry Survival Guide: How to thrive and last for the long haul (La guía de supervivencia del ministerio juvenil: cómo desarrollarse y mantenerse a largo plazo). Grand Rapids, MI: Zondervan.

Keller, Thimoty

2012   Every Good Enderavor (Cada buen esfuerzo). NY. Dutton.

Kinnaman, David

2016   You lost me (Me perdieron). MI: Baker Books.

Kolb, David A.

2015   Experiential learning: Experience as the source of learning and development (Aprendizaje experimental: La experiencia como Fuente de aprendizaje y desarrollo). NJ. Pearson Education.

Konterlink, Irene y Claudia Jacinto

1996   Adolescencia, pobreza, educación y trabajo. Buenos Aires: Losada y UNICEF.

Kraft, Charles

1996   Anthropology for Christian Witness (Antropología para el testimonio cristiano). Maryknoll, NY: Orbis Books.

Livermore, David A.

2009   Cultural Intelligence (Inteligencia Cultural). Grand Rapids, MI: Baker Academic.

Lovaglia, Daniel M.

2016   Relational Children's Ministry (Ministerio de niños relacional). Grand Rapids, MI: Zondervan.

Lyotard, Jean- Francois

1995   La condición postmoderna. Buenos Aires: Editorial Rei.

Mardones, José María

1991   Capitalismo y religión. Bilbao: Editorial Sal Terrae.

Maxwell, John C.

1996   Desarrolle el líder que está en usted. Nashville, TN: Editorial Caribe.

2001   Las 17 leyes incuestionables del trabajo en equipo. Nashville, TN: Editorial Caribe- Betania.

Maxwell, John C. y Les Parrott.

2005   25 Ways to Win People: how to make others feel like a million bucks (25 maneras de ganarse a la gente: cómo hacer que el otro se sienta como si valiera un millón de dólares). Nashville, TN: Thomas Nelson Inc.

McLaren, Brian D.

2000   The Church on the Other Side (La iglesia del otro lado). Grand Rapids, MI: Zondervan.

Merton Strommen, Karen E. Jones y Dave Rahn

2001   Youth Ministry that Transforms (Ministerio juvenil que transforma). El Cajon, CA: Youth Specialties.

Mueller, Walt

1994   Understanding Today's Youth Culture (Entendiendo la cultura juvenil de hoy). Wheaton, IL: Tyndale House Publishers.

Myers Blair, Glenn, y R. Stewart Jones

1984   Cómo es el adolescente y cómo educarlo. Buenos Aires: Editorial Paidos.

Nelsen, Jane, Lynn Lott y H. Stephen Glenn.

2007   Positive Discipline A-Z: 1001 solutions to everyday parenting problems (Disciplina positiva de la A a la Z: 1001 soluciones para los problemas cotidianos de la paternidad). New York, NY: Three Rivers Press.

Nietzsche, Friedrich

1988   El Crepúsculo de los Ídolos. Buenos Aires: Editorial Petrel.

Obiols, Guillermo A. y Silvia Di Segni de Obiols

1996   Adolescencia, posmodernidad y escuela secundaria. Buenos Aires: Editorial Kapeluz.

Oestreicher, Mark

2008   Youth Ministry 3.0. (Ministerio de Jóvenes 3.0) MI: Zondervan.

2012   A Parent's Guide to Understanding Teenage Brains (Guía para padres para entender el cerebro adolescente), CO: Group Publishing.

Ortiz, Félix

2008   Raíces: Pastoral juvenil en profundidad. FL: Especialidades Juveniles.

2017   Cada joven necesita un mentor. TX. E625.com

Pérez, Roberto

1994   «Adolescencia, desafío de ser persona.» Ensayo antropológico no publicado.

Piaget, Jean, Anna Freud, y J. Osterreich

1977   El desarrollo del adolescente. Buenos Aires: Editorial Paidos.

Philips, Tom

1997   «Building a Team to get the Job Done» («Edificando un equipo para lograr hacer el trabajo»). En Leaders on Leadership (Líderes sobre liderazgo). George Barna, ed. Ventura, CA: Regal Books.

Powell, Kara y Chap Clark

2011   Sticky faith (Una fe pegajosa). Grand Rapids, Michigan: Zondervam.

Powell, Kara, Jake Mulder y Brad Griffin.

2016   Growing Young: six essential strategies to help young people discover and love your church (Haciéndose jóven: seis estrategias esenciales para ayudar a los jóvenes a descubrir y amar tu iglesia). Grand Rapids, MI: Baker Books.

Rich, Dorothy

2008   Megaskills: Building our children´s character and achievement for school and life (Mega habilidades. Construyendo el carácter y la habilidad de los niños para la escuela y la vida). Illinois: Sourcebooks Inc.

Schipani, Daniel S.

1993   Teología del ministerio educativo. Florida, Buenos Aires: Nueva Creación.

Schteingart, Mario

1964   La adolescencia normal y sus trastornos endócrinos. Buenos Aires: Héctor Macchi Ediciones.

Senter, Mark III

1992   The Coming Revolution in Youth Ministry (La revolución que viene en el ministerio juvenil). Wheaton, IL: Víctor Books.

Shaffer, David R.

1989   Developmental Psychology, Childhood and Adolescence (Psicología del desarrollo, niñez y adolescencia). Segunda Edición. Pacific Grove, CA: Brooks-Cole Publishing Company.

Souza, David A.

2016   How the brain learns (Cómo aprende el cerebro). CA: Sage Publications.

Stone L.J. y J. Church

1968   El adolescente de 13 a 20 años. Buenos Aires: Editorial Paidos.

Stott, John

1974   Creer es también pensar. Buenos Aires: Ediciones Certeza.

1979   «The Living God is a Missionary God» (El Dios vivo es un Dios misionero).» En You Can Tell the World (Puedes decírselo al mundo). James E. Berney, ed. Pp. 10-18. Downers Grove, IL: InterVarsity Press.

Sweet, Leonard L.

Aquachurch (Iglesia acuática). Loveland, CO: Group Publishing.

Tolbert, La Verne.

2004   Enseñemos como Jesús. Miami, FL: Editorial Vida.

Tracy, Brian.

2015   Delegación y supervisión. Nashville, TN: Grupo Nelson.

Van Engen, Charles

1996   Mission on the Way (Misión en el camino). Grand Rapids, MI: Baker Books.

Walton, Dr. David.

2012   Emotional Intelligence (Inteligencia emocional). New York, NY: MJF Books.

Warren, Rick

1995   Una Iglesia con Propósito. Miami, FL: Vida.

Webb, Keith

2012   Coach model (El modelo coach). FL. Active Results, LLC.

Yarhouse, Mark A.

2013   Understanding Sexual Identity (Entendiendo la identidad sexual). MI: Zondervan.

ALGUNAS PREGUNTAS QUE DEBES RESPONDER:

¿QUIÉN ESTÁ DETRÁS DE ESTE LIBRO?

Especialidades 625 es un equipo de pastores y siervos de distintos países, distintas denominaciones, distintos tamaños y estilos de iglesia que amamos a Cristo y a las nuevas generaciones.

e625.com

¿DE QUÉ SE TRATA E625.COM?

Nuestra pasión es ayudar a las familias y a las iglesias en Iberoamérica a encontrar buenos materiales y recursos para el discipulado de las nuevas generaciones y por eso nuestra página web sirve a padres, pastores, maestros y líderes en general los 365 días del año a través de **www.e625.com** con recursos gratis.

zona de contenido
PREMIUM

¿QUÉ ES EL SERVICIO PREMIUM?

Además de reflexiones y materiales cortos gratis, tenemos un servicio de lecciones, series, investigaciones, libros online y recursos audiovisuales para facilitar tu tarea. Tu iglesia puede acceder con una suscripción mensual a este servicio por congregación que les permite a todos los líderes de una iglesia local, descargar materiales para compartir en equipo y hacer las copias necesarias que encuentren pertinentes para las distintas actividades de la congregación o sus familias.

¿PUEDO EQUIPARME CON USTEDES?

Sería un privilegio ayudarte y con ese objetivo existen nuestros eventos y nuestras posibilidades de educación formal. Visita **www.e625.com/Eventos** para enterarte de nuestros seminarios y convocatorias e ingresa a **www.institutoE625.com** para conocer los cursos online que ofrece el Instituto E 6.25

¿QUIERES ACTUALIZACIÓN CONTINUA?

Regístrate ya mismo a los updates de **e625.com** según sea tu arena de trabajo: Niños- Preadolescentes- Adolescentes- Jóvenes.

¡APRENDAMOS JUNTOS!

Sé parte de la mayor
COMunidad de
educadores cristianos

Sigue en todas tus redes a
/e625COM

CAPACITACIÓN MINISTERIAL ONLINE DE PRIMER NIVEL

CONOCE TU CAMPUS ONLINE

www.institutoE625.com

Educación online
www.institutoe625.com

INSTITUTO e625

Libros Online

e625 Escuela de LiderazGO
GENERACIONAL Y COACHING

Revista
Líder 6·25

CONOCÉ TU NUEVO CAMPUS ONLINE
www.institutoE625.com

Tienda con envíos internacionales

Suscripción de
materiales premium
para iglesias

www.e625.com te ofrece
recursos gratis

Seminarios para
iglesias locales

Eventos de
actualización
ministerial

Chat en
tiempo real

E625 te ayuda todo el año